es klopft, ich öffne die tür –
davor steht die frau von nebenan
…
und streckt mir einen riesenstrauß
roter blumen entgegen

sie nicken zufrieden in meinen zitternden händen
wie eine närrin frage ich sie ganz verwirrt
„was soll ich denn damit machen?"

Sie lächelt so schön so schön
„lieb sie doch einfach"

AF280320

Aušra Kaziliūnaitė
(aus „Feiertagsmakeup" -KLAK-Verlag)
(de "Maquillaje navideño" -KLAK-
Editor)

hay un golpe, abro la puerta –
La mujer de al lado está parada frente a él.
…
y me regala un ramo enorme
hacia flores rojas

Asienten satisfechos en mis manos temblorosas.
como un tonto le pregunto completamente confundido
"¿Que debo hacer con eso?"

Ella sonríe tan bellamente tan bellamente.

„solo Amala"

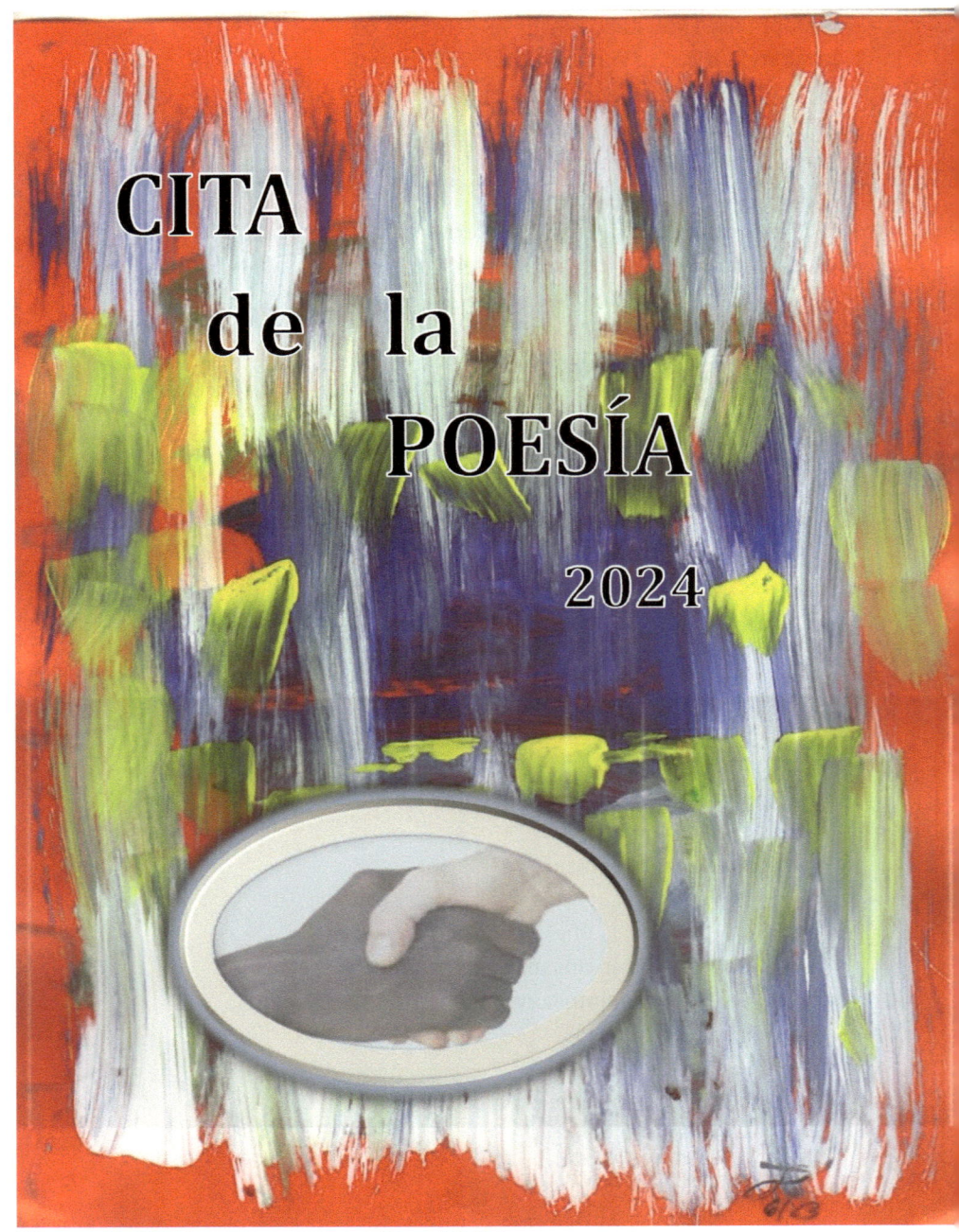

CITA de la POESÍA

2024

Jürgen Polinske Durchblick

Gute Nachbarschaft, Hand drauf
Die Anthologie zur 27. CITA de la POESÍA 2024

Buena vecindad, apretón de manos
La antología de la 27 CITA de la POESÍA 2024

Gute Nachbarschaft, Hand drauf
Die Anthologie zur 27. CITA de la POESÍA 2024
Buena vecindad, apretón de manos
La antología de la 27. CITA de la POESÍA 2024

Herausgeber/Editor: **Jürgen Polinske**

Auswahl/Redaktion: **B. und J. P. Quevedo**
Selección/ editoral: **M. und J. Polinske**
                               KollegInnen von Dichterkreisen

Cover, Satz, Layout:
Carátula, Composición: **Jürgen Polinske**

Coverbild: **Rainer Wieczorek**
Titel des Bildes: *(ich bin nur mit dem anderen,*
                             allein bin ich nichts (Karl Jasper)
                             existo sólo con el otro,
                             solo no soy nada)

©   *2024*
      Herstellung und Verlag:
      BoD – Books on Demand Norderstedt

      ISBN: 9783759767875

Danke sagen

Liebe Leser,
Danke für die Nachsicht, wenn nicht alle Übersetzungen/Nachdichtungen perfekt gelangen. Wir Organisatoren der CITA de la POESÍA wollten in Anbetracht der Kürze der Zeit und nur weniger muttersprachlicher Übersetzer, dass die Teilnehmer an der CITA de la POESÍA und alle Leser verstehen, worum es in den Texten geht. Ein Gewinn wäre, interessierten sich zukünftig mehr Poeten aller Länder für Literaturübersetzungen.

Ein Dank an alle Autoren, die Texte einsandten.

Wenn Künstler, ihre Werke kostenlos zur Verfügung stellen, wie Rainer Wieczorek, José Pablo Quevedo, haben sie einen besonders intensiven Dank verdient.

Das gilt auch für alle Musiker, die uns bei Vorstellungen und Lesungen der CITA unterstützten und unterstützen.

Ein Dankeschön, bei all den Menschen, die uns mit Rat und Tat halfen, beim Zusammenstellen und Gestalten dieser Anthologie.

Ein Dank meiner lieben Marina, ohne sie und ihre Geduld, ohne ihre Korrekturen, wäre das Werk nur halb so gut gelungen.

Nicht unerwähnt bleiben dürfen, die vielen engagierten Menschen im Bürgerverein Baumschulenweg e.V., deren Vorstand, die Gemeinde der Kirche zum Vaterhaus in Baumschulenweg und alle Verantwortlichen für Kultur im Stadtbezirk Treptow-Köpenick, die an dieser CITA DE LA PEOSÍA mitwirkten.

DANKE

Agradecimiento

Queridos lectores,

Gracias por su indulgencia si no todas las traducciones o revisiones son perfectas. Los organizadores de la CITA de la POESÍA, dado el poco tiempo y los pocos traductores de lenguas maternas queríamos que los participantes de la CITA de la POESÍA y todos los lectores entendieran de qué tratan los contenidos de los textos. Sería beneficioso que en el futuro más traductores de otros países se interesaran por las traducciones literarias.

Gracias a todos los autores que enviaron sus textos.

Cuando los artistas, como Rainer Wieczorek y José Pablo Quevedo, ponen a disposición sus obras de forma gratuita, merecen un agradecimiento especialmente intenso.

Esto también se aplica a todos los músicos que nos apoyaron y apoyan en las presentaciones y lecturas de la CITA.

Un agradecimiento a todas las personas que nos ayudaron con sus consejos y apoyos en la elaboración y diseño de esta antología.

Gracias a mi querida Marina, sin ella y su paciencia, sin sus correcciones, el trabajo sólo habría sido terminado a medias.

No podemos dejar de mencionar a las muchas personas comprometidas de la Bürgerverein Baumschulenweg e.V., a su junta directiva, a la comunidad de la Iglesia de la Casa del Padre en Berlín-Baumschulenweg y a todos los responsables de la cultura del distrito de Treptow-Köpenick que participaron en esta CITA DE LA POESÍA.

GRACIAS

Vorausgeschickt,

die Fragen: Sind Nachbarn auch Menschen aus der Ferne, oder nur die, die neben mir wohnen, eventuell auch solche, die mir nur für einen Augenblick nahe sind? Gilt das nur für heute oder auch für gestern und morgen? Wieweit reicht eigentlich Nachbarschaft, wann endet sie? Ist es einfach ein Fakt, nützlich, muss also gut sein? Sind Nachbarn für den Einen notwendig, dem Zweiten Luxus, einem Dritten Ärgernis, gar überflüssig wie Kropf und Krieg?

Die Autorinnen und Autoren in dieser Anthologie versuchten Antworten auf diese Fragen und betrachteten aus ureigener Sicht weitere Aspekte zur Nachbarschaft. Wir erfahren dadurch von einem Riesenpuzzle vieler einzelner Menschen als Teil einer großen Gemeinschaft.

Ergo, genau das, was wir mit unserer traditionellen Dichterbegegnung CITA de la POESÍA anstreben.

Envío por adelantado,

Nuestras interrogantes: ¿Los vecinos son también personas que viven lejos o sólo los que viven a nuestro lado o tal vez, los que sólo están cerca de mí por el momento? ¿Esto sólo se debe aplicar ahora, o también al ayer o al mañana? ¿Hasta dónde se extiende realmente la vecindad y cuándo termina ella? ¿Es simplemente un hecho útil y por tanto debe ser bueno? ¿Son los vecinos necesarios para una persona, un lujo para la segunda, una molestia para una tercera, incluso superfluos como el bocio y la guerra?

Los autores de esta antología intentaron responder a estas preguntas y examinaron otros aspectos del vecindario desde su propia perspectiva. Esto es un gran rompecabezas donde participan muchas personas como parte de una gran comunidad.Ergo, exactamente lo que buscamos con nuestro tradicional encuentro de poetas CITA de la POESÍA.

Jürgen Polinske   Nur zu, ihr Brücken

Lucía Rosa González

nace en La Palma, Canarias en 1954. Estudia magisterio en la Laguna y filología hispánica en La Laguna. En poesía ha publicado los libros Casta de rosas ausentes, 1995, y De dónde el vuelo, 1998, Sueños de qué mundo,2003. En narrativa publicó también literatura infantil. En el año de la erupción del volcán en La Palma escribió Diario de un volcán, una edición en español y alemán, 2021. En varias ocasiones ha participado en actividades de animación a la lectura en numerosos Centros de Enseñanza de Canarias como integrante del proyecto "Leer Canarias" y en Encuentros de Autores.

wurde 1954 auf La Palma, Kanarische Inseln, geboren. Sie studierte Lehramt und spanische Sprache und Literatur in La Laguna. Sie hat mehrere Gedichtbände veröffentlicht wie Casta de Rosas ausentes, 1995, und De dónde el vuelo, 1998. Sie hat auch Kinderbücher geschrieben. Im Jahr des Vulkanausbruchs auf La Palma veröffentlichte sie das Tagebuch eines Vulkans in spanischer und deutscher Sprache, 2021.

Mehrmals nahm sie im Rahmen des Projektes „Die Kanaren lesen" an Aktivitäten in Schulen auf den Kanaren zur Förderung des Lesens teil und las auch ihre Texte bei Autorenbegegnungen.

Traducción Übersetzt von:
Barbara Quevedo-Krüger und Jürgen Polinske

ÁRBOLES DE BERLIN

Los desvelados árboles
de Berlín
sienten lejos el mar.

Dondequiera que miren
oyen el timbre del océano
lejano y solo,
procede del olvido de ser mar
y de la nieve que arde ante sus ojos.

¿Se cegarán de ti los árboles
si vienes de la isla
con los ojos quemados?

Hay un olor a fuego entre las ramas,
y el océano no llega hasta los árboles,
el océano no llega.

No quieres ver la quema
que florece en tus ojos

y dentro de la nieve desapareces.

BÄUME IN BERLIN

Die schlaflosen Bäume
in Berlin
spüren das Meer in der Ferne.

Wohin sie auch blicken,
sie hören den Klang des Meeres,
weit entfernt und einsam.
Er entsteigt dem Vergessen, Meer zu sein,
und dem Schnee, der vor ihren Augen brennt.

Werden die Bäume geblendet sein,
wenn du von der Insel kommst
mit verbrannten Augen?

Geruch nach Feuer zwischen den Zweigen,
und der Ozean kommt nicht bis zu ihnen,
er kommt nicht, der Ozean.

Du willst den Brand nicht sehen,
der in deinen Augen blüht,

und verschwindest mit dem Schnee.

EN LA TUMBA DE BRECHT

(Dorotheenstadt)

Bertolt puso una flor de piedra
en la tumba de Helene
y Helene sembró pericos a sus pies,

los árboles de al lado de la tapia
se mueren lentamente
para que el frío gris de las dos piedras
excarcelen los nombres blanco tiza
que vagan en la sangre de las flores.

¿Oímos las raíces o las voces
o el moribundo sol que unge la tierra?

En algún aire merodea
una mariposa que aparece,
después desaparece.

¡Y era el vuelo!
No el aire ni la mariposa,
¡Bertolt y Helene en vuelo!
Que no se hiele el vuelo de sus nombres
con el gris frío de las piedras,
oh, honda eternidad.

Am Grab von Brecht

(Berlin, Dorotheenstädtischer Friedhof)

Bertolt legte eine Steinblume
auf das Grab von Helene,
Helene säte Sittiche zu seinen Füßen.

Die Bäume neben der Umfriedung
sterben langsam.
Die graue Kälte der zwei Steine
gibt die Namen in weißer Kreide frei,
die im Rot der Blumen flirren.

Hören wir die Wurzeln oder die Stimmen
der im Sterben liegende Sonne, die die Erde salbt?
Irgendwo in der Luft
ein Schmetterling erscheint
und verschwindet wieder.

Der Flug der Schmetterlinge,
Bertolt und Helene!

Dass der Flug ihrer Namen
nicht gefrieren möge
in der grauen Kälte der Steine!

Oh, tiefe Ewigkeit.

POETAS EN BERLÍN

Pero el laurel de indias no es el mismo
de aquel corro de voces humeantes.

Con sed lo abrazo.
Al árbol y sus huesos
para escuchar las voces que aquel año
llegaron de las islas a Berlín.

Y sus voces que hibernan en la hierba

emergen y se encienden
revueltas por la azada. Se enaltecen.

¿Oyes, Jürgen, el son de aquellas voces
que nos devuelve el árbol?

Suena desperdigado entre las ramas
el son laurel de indias
y el son poetas
preñados por el tiempo.

Sentémonos a oír
el son de lo creado, el son poetas,
a bebernos los labios
de su inmortalidad.

Dichter in Berlin

Die Lorbeerfeige ist nicht dieselbe,
wie die aus dem Reigen rauchiger Stimmen.

Durstig umarme ich
den Baum und seine Äste
um die Stimmen zu hören,
die in jenem Jahr
von den Inseln nach Berlin kamen.

Stimmen,
die im Gras überwintern,
tauchen auf und entzünden sich
aufgewühlt durch die Hacke; erheben sich.

Hörst du, Jürgen, dieses Klingen,
die Stimme, wie der Baum spricht?

Gestreut zwischen Zweige
der Klang des Laurel
und der Dichter - Zeit geschwängert.

Setzen wir uns, hören
den Gesang unseres Schaffens,
und trinken von den Lippen
Unsterblichkeit.

PREMONICIÓN DEL AIRE

¿Quién golpea la puerta de la nieve?
No hay nadie, ¡pero el aire!
entra y dice lo que oye, y lo que oía
incrustado en sus átomos porosos.

Ven a escuchar el aire,
antes de que la nieve
congele tus palabras,
madre, que lejos dices en voz baja
que una lava de fuego
enfría y asesina nuestra noche.

Vorahnung

Wer klopft an die Tür des Schnees?
Da ist niemand, nur Luft!
Sie tritt ein und sagt, was sie hörte und hört,
eingebettet in seine porösen Atome.
Komm, höre Luft,
bevor der Schnee
deine Worte gefriert.
Mutter, wie weit noch, sagst du,
mit leiser Stimme,
bis glühende Lava erkaltet
und unsere Nacht ermordet.

Leticia Quemada Arriaga

wurde 1978 in Guanajuato (Mexiko) geboren. Seit 2005 lebt sie in Madrid, Spanien. Im Jahr 2010 trat sie der literarischen Gruppe *Encuentros de Tres Cantos* bei, war deren Sekretärin und veröffentliche mehrere Gedichte, Anthologien. Sie arbeitet auch mit der Vereinigung der *„Dichter der Erde"* und der *Freunde der Poesie (POETAP)* zusammen, organisiert und nimmt teil an zahlreichen kulturellen Veranstaltungen und ist weiterhin aktiv bei FERINE, dem Total Art Collective, der spanisch-kubanischen Freundschaftsgesellschaft „Bartolomé De las Casas" und der Vereinigung ibero-ecuadorianischer Frauen „Mundo Sin Fronteras". Sie hat beste Kontakte zu Malern.
Auch auf früheren CITAS de la POESÍAS konnten wir sie erleben.

Nació en Guanajuato (México) en 1978. Desde 2005 vive en Madrid, España. En 2010 se incorporó al grupo literario Encuentros de Tres Cantos, fue su secretaria y publicó varios poemas, antologías. También colabora, organiza y participa en la Asociación de "Poetas de la Tierra" y Amigos de la Poesía (POETAP). eventos culturales y se mantiene activo en FERINE, el Colectivo Arte Total, la sociedad de amistad hispano-cubana "Bartolomé De las Casas" y la asociación de mujeres iberoecuatorianas "Mundo Sin Fronteras". Tiene excelentes contactos con pintores. También pudimos vivirlos en anteriores Citas de la Poesía.

Traducción Übersetzt von:
Barbara Quevedo-Krüger und **Jürgen Polinske**

CONFÍA

No busques la paz
Desde la desesperación
Ten paciencia, confía

No busques la armonía
Desde tu ruido
Ten calma, confía

No busques la generosidad
Desde el otro
Permanece en ti, confía

No busques el amor
Desde el miedo
Abraza con humildad tu ego

Confía

He podido escuchar
a mi sabiduría interior
Que me dice: CONFÍA

Desde la calma y la serenidad, confía
Y aunque tus aguas estén turbias, confía
Recuerda la luz que refleja tu alma, confía

Respira y confía
Escucha el latido de tu corazón
Que es símbolo de la vida... confía

Mira tranquilo y permanece
Siente la confianza
¿Dónde habita?
...
En tu interior   Oropéndola, Madrid, 2019

VERTRAUEN

Such nicht nach Frieden
aus Verzweiflung
Sei geduldig, vertraue

Such nicht nach Harmonie
mit Gepolter
Bleib ruhig, vertraue

Such nicht nach Großzügigkeit
bei anderen
Bleib bei dir, vertraue

Such nicht nach Liebe
vor Angst,
demütig umarme auch dich

Sei gut zu dir, vertraue

Ich konnte zuhören
innerer Weisheit
sagen lassen: VERTRAUE

Auf Ruhe und Gelassenheit, vertraue,
selbst deinen trüben Wassern vertraue,
erinnere dich an Licht, das deine Seele spiegelt

Atme und vertraue
Hör auf das Schlagen deines Herzens -
es ist Symbol des Lebens... vertraue

Schau hin und bleibe gelassen
Spüre dein Selbstvertrauen
Das wo wohnt?
...
in dir
                    Oropéndola, Madrid, 2019

Paseos de Marzo

Se despeñan por mis mejillas
unicornios blancos
de agua marina.

Danzan en mi pecho
soledades olvidadas.

Le pregunté al viento por tu voz,
a las sombras de los árboles
que adornan el camino,
les pregunté por tus pasos.

Al colibrí y a la amapola,
les pregunté por tu risa,
y al trébol le dije:
¿Dónde quedaron sus caricias?

En mis paseos de marzo
al almendro recién florido
le reclamé tu ausencia.

No me alcanza el olvido.

Oropéndola, 19 de marzo de 2014

März-Spaziergänge

Sie fallen mir auf die Wangen
die weißen Einhörner
aus Meerwasser.

Sie tanzen in meiner Brust
die vergessenen Einsamkeiten.

Ich fragte den Wind nach deiner Stimme,
die Schatten der Bäume,
die den Weg schmücken.
Ich habe nach deinen Schritten gefragt,

den Kolibri und die Mohnblume,
ich habe sie nach deinem Lachen gefragt,
und sprach zum Klee:
Wo waren deine Liebkosungen?

Auf meinen März-Spaziergängen zu frischen Knospen
und Blüten am Mandelbaum habe ich mich beschwert
über deine Abwesenheit.

Ich kann nicht vergessen.

Oropéndola, 19. März 2014

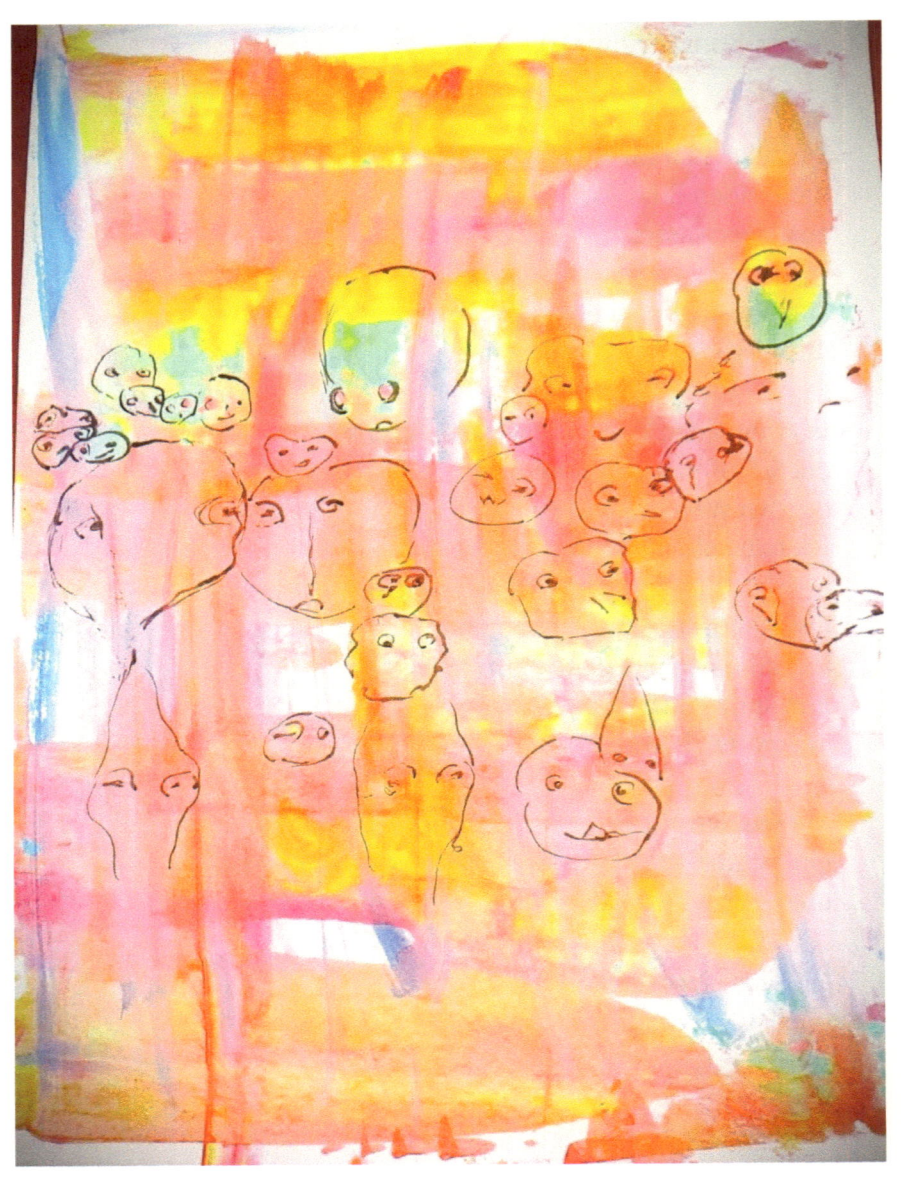

Jürgen Polinske   dem Lockruf folgen

22

Kathrin Schulz

geboren in Berlin 1958, aufgewachsen in Schwedt an der Oder.
Nach dem Abitur begann sie eine Lehre als Töpferin und führte sie fort
bis zur Meisterin. Dann die Arbeit in vielen Werkstätten im
Brandenburgischen. 1993 schwer erkrankt, Dank chirurgischer Kunst der
Ärzte an der Berliner Charité an ihrem Gehirn, wieder genesen.
Zurückgekämpft ins Leben durch ihre Arbeit in Keramik- und
Bildhauerwerkstätten, „Heilsames Singen" in etlichen Singkreisen und
durch Ausstellungen ihrer Malerei. 2010 Umzug nach Berlin.
Seit 2017 ist sie Mitglied im Köpenicker-Lyrikseminar/Lesebühne der
Kulturen in Adlershof. Vielfach ist sie in Anthologien, nicht nur
der CITA de la POESÍA vertreten.

Nacida en Berlín en 1958, creció en Schwedt cerca del río Oder.
Después de graduarse en la escuela secundaria, comenzó a aprender la
alfarería hasta graduarse en maestra artesana. Luego trabajó en muchos
talleres en Brandemburgo. Gravemente enferma en 1993, su cerebro se
recuperó gracias a las habilidades quirúrgicas de los médicos de la
Charité de Berlín. Luchó por volver a la vida a través de su trabajo en
talleres de cerámica y de escultura, y bajo el "canto curativo" en varios
círculos de canto y mediante exposiciones de sus pinturas. En 2010 se
mudó a Berlín. Desde 2017 participa en el seminario de poesía/escenario
de lectura de culturas de Köpenick en Adlershof. A menudo aparece en
antologías, que no sólo representan a la CITA de la POESÍA.

Traducción Übersetzt von:
Jürgen Polinske

Gülseren

einsam unter dem fremden Himmel

zwischen den Stauden im Park
auf einer kleinen Bank
sitzt und streust du Töne
zart wie die Blüten der Rosen

zwischen die Blumen
damit Duft, Farbe und Klang
dich trösten

die Sonnenuhr aus Stein hört deinen Gesang

er lockt uns zu dir
du winkst uns heran
teilst deine Trauer mit uns
dein Weinen

wir singen für dich
und teilen unser Lächeln.

Gülseren

solitario bajo el extraño cielo

entre las plantas perennes en el parque
en un pequeño banco
te sientas y esparces sonidos
delicados como los pétalos de las rosas

entre las flores
con su aroma, color y sonido
consolarte

el reloj de sol de piedra escucha tu canción

él nos atrae hacia ti
nos saludas
compartimos tu dolor con nosotros
tu llanto

cantamos para ti
y compartimos nuestras sonrisas.

Die Nachbarin

Schau in den Spiegel
öffne dein Herz
lächle dir zu
und dann
geh zum Nachbarn
Er ist ein Mensch wie du.

La vecina

Mírate en el espejo
abre tu corazón
sonríe a ti mismo
y luego
ve al vecino
Es una persona como tú.

Steffen Marciniak

ist im pommerschen Stralsund geboren. Vom Fernwehtraum driftete er zu Märchen und der griechischen Mythologie, studierte Kulturwissenschaften, arbeitete im Buchhandel und als Antiquar. So entdeckte er sein *Alter Ego,* Albert H. Rausch, von 1932. Seinen Träumen nachempfundene Reisen finden Ausdruck in Gedichten und Geschichten, die er uns heute präsentiert. Er lebt in Berlin. Als Mitglied im Köpenicker Lyrikseminar/Lesebühne der Kulturen, in vielfacher Zusammenarbeit mit Ulrich Grasnick, als Inhaber des Verlages „Neun Reiche", Mitglied im Schriftstellerverband, Autor und Herausgeber von Lyrikbänden, sowie als Liebhaber und ausgezeichneter Kenner griechischer Mythen, ist er unverzichtbar für die Berliner Kulturszene geworden.

Nació en Stralsund, Pomerania. De su pasión por los viajes pasó a los cuentos de hadas y hacia la mitología griega, también hizo estudios de cultura, trabajó en una librería y además como anticuario. Así descubrió su alter ego, Albert H. Rausch, a partir de 1932. Los viajes basados en sus sueños encuentran expresiones e historias representadas en sus poemas. Vive en Berlín. Como miembro del seminario de poesía/escenario de lectura de culturas de Köpenick, participa en numerosas colaboraciones con Ulrich Grasnick, como propietario de la editorial "Neun Reiche". También es miembro de la asociación de escritores, es autor y editor de volúmenes de poesía y como amante y excelente conocedor de los mitos griegos, es indispensable para el escenario cultural berlinés.

Traducción Übersetzt von:
Jürgen Polinske

Stralsund

Dort weinte ich einst · und weine zuweilen
Noch heute um frühes Leid · Abendtränen
Stören nicht · die Schatten dunkler Teiche.

Mutig nenne ich Melancholie mein Einsamsein
Zur Pein nicht endender Verfolgungsjagden
Durch (Mit)- Schüler · meine Flucht stirbt.

Ich sinke in Haufen aus Kastanienlaub
Im Hirn ein Gewitterzittern fällt mich
Nur ein fallendes Blatt · verstummt wie ich.

Mein Begehr nach Ewigkeit der Stille
Tragen Möwenflügel über den Strelasund
Weil Schwalben nicht mehr im Garten schweben.

Manchmal kehre ich heim · ans lange Ufer
Früher gab es Schwäne · auch Enten sind fort
In die Leere entfaltet sich mein neues Leben.

Stralsund

Allí una vez lloré y a veces lloro
Incluso hoy sobre el dolor temprano · lágrimas de la tarde
Las sombras de los estanques oscuros no te molestan.

Valiente es lo que yo llamo melancolía · mi soledad
Al tormento de persecuciones interminables
A través de (compañeros) estudiantes · mi escape muere.

Me hundo en montones de hojas de castaño
Una tormenta me hace temblar en el cerebro
Sólo una hoja que cae · calla · como yo.

Mi deseo de un silencio eterno
Llevan las gaviotas sobre el Strelasund
Porque las golondrinas ya no revolotean por el jardín.

A veces vuelvo a la orilla larga
Antes había cisnes, los patos también desaparecieron.
Mi nueva vida se desarrolla en el vacío.

Haiku

Früher Sonnenstrahl
Der flauschige Katzenbauch
Ein Vogelruf weckt

Der Eispfeil im Schnee
Teilt die verflossene Welt
Träume sind Scherben

Das Antinousgesicht
Auf den Münzen im Brunnen
Zeitreisenheimkehr

Haiku
Rayo de sol temprano
La barriga suave de gato
El canto de un pájaro te despierta

La flecha de hielo en la nieve
divide el mundo pasado
los sueños son fragmentos

El rostro de Antínoo
Sobre las monedas en la fuente
regreso de un viaje a través del tiempo

María Gutiérrez

Sie wurde geboren in El Rosario, Teneriffa, und ist als Lehrerin, Schriftstellerin, soziale und literarische Aktivistin aktiv. Viele ihrer Texte wurden in andere Sprachen übersetzt und nicht wenige sind in Anthologien und kollektiven Veröffentlichungen erschienen. Sie unterrichtet kreatives Schreiben, schreibt Vorwörter, arbeitet als Lektorin und hat zahlreiche literarische Werkstatttage in Spanien und im Ausland geleitet. Mehrfach war sie Gast bei der CITA de la POESÍA. Maria Gutiérrez ist besonders aktiv für die Buchhandlung der Frauen der Kanarischen Inseln und wurde unter anderem zur Ehrenbürgerin von Vista Alegre in Neuquén, Argentinien, ernannt.

Nació en El Rosario, Tenerife, y se desempeña activamente como docente, escritora, activista social y literaria. Muchos de sus textos han sido traducidos a otros idiomas y bastantes han aparecido en antologías y publicaciones colectivas. Enseña escritura creativa, escribe prólogos, trabaja como editora y ha dirigido numerosas jornadas taller literario en España y en el extranjero. Fue invitada en varias ocasiones a la CITA de la POESÍA. María Gutiérrez es particularmente activa en la librería de mujeres de Canarias y, entre otras cosas, fue nombrada ciudadana honoraria de Vista Alegre en Neuquén, Argentina.

Traducción Übersetzt von:
Barbara Quevedo-Krüger und Josè Pablo Quevedo

CANTO A AGULO

Volvamos a Agulo.
Volvamos al pueblo de mi corazón.

Recuerdas las calles de piedra
bagazo y jazmín.
Volvamos a Agulo.
Dónde las cascadas, dónde las parrandas... Tortas de milana...

Recuerdas mis versos en el agua helada, en aquel estanque
al pie del verdor
las tardes doradas de dulce frescor.

Estanque de la Verdura
entre tus aguas en mayo
posé por primera vez
mis labios sobre sus labios.

Recuerdas, amigo, los asaderos
abajo, en Gallegos
el cielo naranja de papas con mojo y queso
la tierra se inflama,
el aire se para,
y suena la copla en la voz amada...

Entre la mar y el cielo
tu boca dulce.
Besos de vino y morones
me regalabas
como bombones
como mistela
que entibia el alma.

Recuerdas el pueblo donde está mi corazón.
Volvamos a Agulo.
Volvamos al pueblo donde está mi corazón.

LIED FÜR AGULO

Lass uns zurückkehren nach Agulo.
Kehren wir zurück in das Dorf meines Herzens.

Du erinnerst dich an Straßen aus Stein,
an Bagasse und Jasmin.
Lass uns nach Agulo zurückkehren.
Wo es Wasserfälle, fröhliche Feste... Blechkuchen...gibt.

Erinnerst dich an meine Verse im eiskalten Wasser
in jenem Teich am Fuße des Grüns,
goldene Nachmittage von süßer Frische.

Teich des Grüns
inmitten deiner Wasser im Mai
setzte ich zum ersten Mal
meine Lippen auf seine Lippen.

Du erinnerst dich, mein Freund, an die Grillfeste
unten in Gallegos,
den orangefarbenen Himmel aus Kartoffeln mit Mojo und Käse,
die Erde flammt auf, die Luft steht still,
und die Copla erklingt in der geliebten Stimme...

Zwischen dem Meer und dem Himmel
dein süßer Mund.
Küsse von Wein und Süßigkeiten
schenktest du mir
wie Pralinen
wie Traubensaft
der die Seele wärmt.

Du erinnerst dich an das Dorf, an dem mein Herz hängt.
Lass uns zurück nach Agulo kehren,
Lass uns in das Dorf zurückkehren, wo mein Herz ist.

quiénes te violan ahora Amina

quiénes te arrancan de nuevo la camisa de la dignidad
escurre la sangre entre tus piernas morenas
sudor hedores   semen
bloquean tu pituitaria árabe

la rabia aplastada por la ira semita
embisten sus cuernos tus entrañas moras
golems arrasando tu mezquita sagrada
leones salvajes de lehudá asolan tu cuerpo tu única frontera
bestias una dos cinco decenas hasta romperte
hasta quebrarte adentro
te sofocan te hieren te humillan te violan te matan
con la furia que bombardean guarderías
y si aguantas si resistes el horror Amina
si vives
quizá descubras los ojos negros de tu retoño
aterrados grandes como boliches cayendo
sobre la tierra para no verte morir
y cierras los tuyos invocando paz
el futuro en paz
tus hijas libres felices en paz
el mundo entero en paz
entonces te yergues y la esperanza asoma
se aferra no te deja la esperanza
no te deja
la costumbre
de aceptar
la voluntad de alá

Wer vergewaltigt dich jetzt, Amina,

Wer reißt dir wieder das Hemd der Würde herunter
Blut versickert zwischen deinen braunen Beinen
Gestank nach Schweiß und Sperma
verstopft deine arabische Nase

Zorn zermalmt von semitischer Wut,
ihre Hörner dringen in deine maurischen Eingeweide
Golems, die deine heilige Moschee zerstören
wilde Löwen Jehovahs verwüsten deinen Körper,
deine einzige Grenze,
Bestien, eine, zwei, fünf, Dutzende, bis sie dich brechen,
dich innerlich zerbrechen, sie ersticken dich, sie verwunden dich,
sie demütigen dich, sie vergewaltigen dich, sie töten dich.
Voller Wut bombardieren sie Kindergärten,
wenn du das aushältst, wenn du den Gräueln widerstehst, Amina,
wenn du lebst,
vielleicht entdeckst du die schwarzen Augen deiner Kinder
die vor Angst so groß wie Boccia-Kugeln sind,
die auf die Erde fallen,
um dich nicht sterben zu sehen,
und du schließt deine um Frieden bittend,
eine Zukunft in Frieden
deine Töchter frei und glücklich in Frieden,
die ganze Welt in Frieden,
dann richtest du dich auf und Hoffnung zeigt sich,
klammert sich an dich, lässt dich nicht los,
die Hoffnung verlässt dich nicht,
die Gewohnheit
Allahs Willen
zu akzeptieren.

Dagmar Neidigk

1950 in Dessau geboren, in Berlin - Friedrichshagen aufgewachsen, dort bodenständig fest verwurzelt. Sie studierte Journalistik und Wirtschaftswissenschaften in Leipzig. War, wo es nötig war, als die Reporterin unterwegs. Für die Poeten vom Müggelsee ist sie ein Glücksfall, sind doch nicht nur ihre eigenen Werke in Wort und Bild vertreten, mit ihren Illustrationen und Holzschnitten schmückt sie die Werke ihrer Dichterkolleginnen in vielen Kalendern und Anthologien.

Nacida en Dessau en 1950, creció en Friedrichshagen y allí está firmemente arraigada. Estudió periodismo y economía en Leipzig. Estuvo allí como reportero cuando fue necesario. Para los poetas de Müggelsee fue un golpe de suerte, ya que no sólo sus propias obras se representaron con palabras e imágenes, importante como periodista jubilada, sino que con sus ilustraciones y xilografías adornaron las obras de sus colegas poetas, así como en muchos calendarios. y antologías.

Traducción Übersetzt von:
Jürgen Polinske

ANFANG UND ENDE

Mein Kind – komm!   Reich mir Deine Hände
Wir gehen von Beginn an gemeinsam bis ans Ende

Wenige Finger zählte dein junges Leben
Für meines sich schon viele heben.

Auf Deinem Weg wuchsen Millionen Träume

Auf meinem kämpft ich um alle Bäume

Jahr um Jahr, Dein Schritt immer schneller ward
Mitzuhalten fällt schwer, die Erkenntnis ist hart

Dein Blick strahlt mit jedem neuen Morgen heller
Ich such Erinnerung in meinem Gedächtniskeller

Mein Kind – komm!   Ich reich dir meine Hände
Du bleibst mein Anfang
Es gibt kein Ende ...

2024

PRINCIPIO Y FIN

Hija mía, ¡ven! Dame tus manos
Caminamos juntos desde el principio hasta el final.

Tu joven vida contó con sólo unos pocos dedos.
En la mía ya hay muchos

Millones de sueños crecían en tu camino
En el mía luchaba yo por todos los árboles.

Año tras año, tu paso se hizo cada vez más rápido.
Es difícil seguir el ritmo, darme cuenta es difícil.

Tus ojos brillan más con cada nueva mañana.

Estoy buscando recuerdos en la profundidad de mi memoria.

Hija mía, ¡ven! te doy mis manos
Tu sigues siendo mi comienzo
No hay fin...

2024

Antonio Arroyo Silva

Nació en Santa Cruz de La Palma en 1957. Colaborador de revistas nacionales e internacionales. Ha publicado 21 libros de poemas, varias plaquettes y un libro de ensayo. Está incluido en varias antologías. Ganador del "Premio Hispanoamericano de Poesía Juan Ramón Jiménez 2018" por *Las horas muertas* y del premio Victorina Bridoux en 2021.

Miembro de la asociación Palabra y verso. Vicepresidente de Poesía Viva de la Atlántida.

Geboren 1957 in Santa Cruz de La Palma. Mitarbeit an nationalen und internationalen Zeitschriften. Er hat 21 Gedichtbände, mehrere Broschüren und ein Buch mit Essays veröffentlicht und ist in mehreren Anthologien vertreten. Preisträger des "Premio Hispanoamericano de Poesía Juan Ramón Jiménez 2018" für *Las horas muertas* und des Victorina-Bridoux-Preises 2021. Mitglied des Verbandes Palabra y verso. Vizepräsident der Poesía Viva de la Atlántida.

Traducción Übersetzt von:
Barbara Quevedo-Krüger und José Pablo Quevedo

Donde mi madre está ahora

planchando la camisa del sol
bordando el calcetín de una nube,
junto a mí, junto a ti, en nuestro aire,
en la forma de pena o de alegría,
en poner una china en el zapato
de la incierta soberbia de las cosas,
en amar cada día con humildad
a pesar de tormentas y entredichos.
Donde mi madre está, vibra mi voz
y esta manera limpia de beberme el mundo
y esta costumbre insomne de besarle la piel
a cada instante.
Y no llores, mi niño, ahora que soy tú.

Dort, wo meine Mutter jetzt ist,

das Hemd der Sonne bügelt,
und einer Wolke die Socke strickt,
nah bei mir, nah bei dir, in unserer Luft,
in Form von Leid oder Freude,
wobei sie einen Kiesel in den Schuh
des ungewissen Stolzes der Dinge legt,
in der täglichen Liebe voller Demut
trotz der Stürme und Verbote.
Dort wo meine Mutter ist, vibriert meine Stimme
und diese reine Art, die Welt zu trinken
und diese schlaflose Gewohnheit, ihre Haut zu küssen
in jedem Augenblick.
Und weine nicht, mein Kind, jetzt, wo ich du bin.

ALGO QUE SE VA DE LAS MANOS

algo que se va de las manos
por asirlo abarcarlo/
por no cogerlo a tiempo/
se va de todas formas
como grasa de buey como
si el tiempo fuera grasa
y tú también lo fueras
como dos polos positivos
como dos negativos
que se rechazan/ algo que se va
de las manos/ la vida se va
nadie la ubica
siquiera al otro lado.
algo se va de las manos
y quedamos sin cuerpo
y sin espíritu
pero en pie.

ETWAS, DAS AUS DER HAND GLEITET

etwas, das dir aus den Händen gleitet,
obwohl du es festgehalten, umfasst hast,
oder nicht rechtzeitig ergriffen hast,
es geht davon trotz allem,
wie Ochsenfett, als ob
die Zeit Fett wäre
und du es auch wärst,
wie zwei positive Pole
wie zwei negative auch,
die sich gegenseitig abstoßen/ etwas, das
aus dem Ruder läuft/ das Leben vergeht,
niemand kann es finden,
selbst auf der anderen Seite nicht.
Etwas gleitet uns aus der Hand
und wir bleiben ohne Körper
und ohne Geist,
aber immer noch aufrecht.

Slavica Klimkowsky

Geboren in Kroatien, lebt schon viele Jahre in Berlin. Als freie Übersetzerin und Autorin sind das Schreiben und Redigieren von Texten die Basis ihres Schaffens. Schon früh habe sie die Leidenschaft für das Schreiben entdeckt und zu ihrem Traumberuf gemacht. Fragen, Zuhören, Hintergründe erkunden, Schreiben - das ist ihr Metier! Und Slavica lebt es in vollen Zügen, ist in vielen Literaturkreisen unterwegs, organisiert Veranstaltungen, ist als Jurorin sehr gefragt.

Nacido en Croacia, vive desde hace muchos años en Berlín. Como traductora y autora autónoma, la redacción y edición de textos son la base de su trabajo. Descubrió su pasión por la escritura a una edad temprana y la convirtió en el trabajo de sus sueños. Preguntas, escuchar, explorar entornos, escribir: ¡esa es su profesión! Y Slavica lo vive al máximo, participa activamente en muchos círculos literarios y organiza eventos. Tiene una gran demanda como jurada.

Traducción Übersetzt von:
Jürgen Polinske und Barbara Quevedo-Krüger

Nachtaktiver Nachbar

Am frühen Morgen treffe ich ihn

Charmant lächelnd, leicht schwankend

Hält mir die Haustür auf

Begrüßt mich mit Verbeugung - guten Morgen und

Auch einen wunderbaren Tag - ich nicke und

Radele beschwingt zur Arbeit, und er geht

Nach Hause

Juni, 2024

Vecino nocturno

Temprano por la mañana, lo encuentro
con una sonrisa encantadora,
ligeramente balanceando
me abre la puerta de su casa
saludándome con una reverencia
Buenos días y que tengas un día agradable.
Me voy en mi bicicleta al trabajo
y él se marcha a su hogar.

junio, 2024

Jürgen Molzen

1943 in Berlin geboren. Er erlernte den Beruf eines Betriebsschlossers und erwarb einen Fachhochschulabschluss.
Viele Jahre war er Mitglied im Friedrichshainer Autorenkreis (FAK).
Dort veröffentlichte er Gedichte und Graphiken. Seit 2013 ist er vorwiegend im Verein der Poeten vom Müggelsee aktiv.
Seine Werke sind in verschiedenen Anthologien zu finden und in Gemeinschaftsausgaben mit anderen Autoren.

Nacido en Berlín en 1943. Aprendió el oficio de un cerrajero y obtuvo más adelante el título de universitario técnico. Durante muchos años fue miembro del Círculo de Autores de Friedrichshain (FAK). Allí publicó poemas y gráficos. Desde 2013 trabaja principalmente en la Asociación de Poetas de Müggelsee. Sus obras se pueden encontrar en diversas antologías y en ediciones conjuntas con otros autores.

Traducción Übersetzt von:
Jürgen Polinske

NACHBARSCHAFTSHILFE

Eine Amsel trägt im Schnabel einen Wurm
durch den Wald zum Müggelturm.

Und am Ende ihrer Reise
füttert sie dann eine Meise.

Die ihn dankbar runterschlingt,
was die Nachbarn näherbringt.

06.05.2024

Ayuda entre vecinos

Un mirlo lleva un gusano en el pico.
A través del bosque hasta Müggelturm.

Y al final de su viaje luego
alimenta a un carbonero.

Que lo devora agradecido,
lo que acerca a los vecinos.

06.05.2024

Sonia Solarte Orejuela

Geboren in Kolumbien, lebt sie seit 1988 in Berlin. Sie ist Psychotherapeutin, Lyrikerin, Sängerin, Songwriterin, Schreib- und Therapiewerkstatt-Leiterin und Friedensaktivistin. Von 1991 bis 2013 war sie im Interkulturellen Frauenzentrum S.U.S.I tätig. Sie singt beim »Orquesta Burundanga«, der ersten Frauen-Salsa-Band in Berlin und bei "Trio SolArte". Sonia Solarte hat 5 Gedichtbände veröffentlicht, 2 mit deutschen Übersetzungen. Ihre Gedichte sind in zahlreichen Anthologien und Literaturzeitschriften in Ländern Lateinamerikas und Europas erschienen. Sonia Solarte ist Mitglied im Deutschen und Internationalen Schriftstellerverband und im österreichischen PEN-Club. Sie erhielt mehrfach literarische Auszeichnungen verschiedenster Länder.

Nacida en Colombia, vive en Berlín desde 1988. Es psicoterapeuta, poeta, cantante, compositora, tallerista de escritura y terapia y activista por la paz. De 1991 a 2013 trabajó en el Centro Intercultural de Mujeres S.U.S.I. Canta con la "Orquesta Burundanga", la primera banda de salsa femenina de Berlín, y con el "Trio SolArte". Sonia Solarte ha publicado 5 volúmenes de poesía, 2 con traducción al alemán. Sus poemas han aparecido en numerosas antologías y revistas literarias de países latinoamericanos y europeos. Sonia Solarte es miembro de la Asociación Alemana de Escritores, de la Asociación Internacional de Escritores y del PEN Club Austriaco. Ha recibido múltiples premios literarios de varios países.

Traducción Übersetzt von:
Juana y Tobias Burghardt

AQUÍ Y AHORA

No recurras al pasado para cernir tempestades
ni asaltes los nidos del futuro para empollar más ilusiones
Juega en la mesa del instante con las cartas abiertas
Recoge los borradores de ti mismo
y diseña el modelo de las nuevas máscaras
Cifra otras claves en los espejos
Desafía los espectros de la orfandad que asedia cada abrazo
No ignores el cuchillo del azar
a la hora de firmar las actas
y hacer pactos de sangre con la muerte

HIER UND JETZT

Greife weder auf die Vergangenheit zurück um die Stürme
auszusieben
noch raube zukünftige Nester aus um weitere Illusionen
auszubrüten
Spiele am Tisch des Augenblicks mit offenen Karten
Sammle die Entwürfe von dir selbst auf
und entwerfe das Modell der neuen Masken
Verschlüssle andere Chiffren in den Spiegeln
Trotze den Geistern der Verwaisung die jede Umarmung belagern
Ignoriere nicht das Messer des vagen Zufalls
zur Zeit der Unterzeichnung der Urkunden
und des Blutpaktes mit dem Tod

ALIENTO EN SOMBRA

Reconozco el peso de la sombra
sus signos esfumados en niebla
su etérea compañía en cada movimiento

Aunque se cruza gélida con todos
su fugaz desdoblamiento e inmaterialidad
no la perturba

No padece de insomnio
ni le cargan la cuenta
por las omisiones y las faltas cometidas

Ciega y muda desaparece la sombra
sin haber inspirado el más nimio aliento
ni haberlo deseado

ATEM IM SCHATTEN

Ich erkenne das Gewicht des Schattens
seine verschwommenen Zeichen im Nebel
seine ätherische Begleitung in jeder Bewegung

Auch wenn er alles frostig durchkreuzt
wird er von seiner flüchtigen Entfaltung und Stofflosigkeit
nicht gestört

An Schlaflosigkeit leidet er nicht
noch wird seine Rechnung mit Unterlassungen
oder unterlaufenen Fehlern belastet

Blind und stumm verschwindet der Schatten
ohne den geringsten Atemzug eingehaucht zu haben
oder ihn zu erwünschen

Martha Gantier Balderama

wurde im Goldminengebiet Tipuani, im Norden von La Paz, Bolivien, geboren. Sie studierte Geologie an der Universidad Mayor de San Andrés de La Paz, hat einen Abschluss in Linguistik und Literatur von der Päpstlichen Bolivarischen Universität Medellín und den Master für Literatur der Technischen Universität Pereira - Kolumbien. Seit 2016 lebt sie in Berlin. Sie erhielt viele Einladungen zu renommierten internationalen Poesiefestivals, wie zum Beispiel dem großen Internationalen Poesiefestival in Medellín 2004, dem Internationalen Poesiefestival von Bogotá, sowie dem Meeting of Women Poets in Cereté. Ihre Gedichte sind in digitalen und analogen Magazinen, Anthologien und eigenen Werken zu finden.

Nació en la zona minera de oro de Tipuani, al norte de La Paz, Bolivia. Estudió geología en la Universidad Mayor de San Andrés de La Paz, es licenciada en lingüística y letras por la Universidad Pontificia Bolivariana de Medellín y magíster en letras por la Universidad Técnica de Pereira - Colombia.
Vive en Berlín desde 2016. Recibió numerosas invitaciones a prestigiosos festivales internacionales de poesía, como el importante Festival Internacional de Poesía de Medellín 2004, el Festival Internacional de Poesía de Bogotá y el Encuentro de Mujeres Poetas en Cereté. Sus poemas se pueden encontrar en revistas digitales y analógicas, antologías y obras propias.

Traducción Übersetzt von:
Ingeborg Robles

Hombre de alambre

Un hombre
con mucha hambre
y calambre
camina retorciendo los pies
¡pobre hombre!
De tanta hambre y calambre
parece un muñeco de alambre.

Ein Mensch aus Mampf

mit viel Kohldampf
und Krampf
geht mit verdrehten Füßen
armer Mann
So viel Kohldampf und Krampf
macht ihn zum Püppchen aus Mampf

Borrachera

La noche,
ese enorme choclo negro
que se desgrana en chicha
y entra a mi alma
a embriagar a esos antepasados míos,
a esos indios y negros
que salen diciendo cosas
que no me atrevo a decir...

Trunkenheit

Nacht,
dieser enorme schwarze Maiskolben
entkörnt sich im Chicha
und tritt in meine Seele ein
um meine Ahnen zu berauschen
diese Indianer und Schwarzen
die herauskommen und Sachen sagen
die zu sagen ich mich nicht trauen würde.

La araña filósofa

Una mañana una araña
Invitó al hombre a tejer
como el hombre
no segregaba sueños
lo empujó a su telaraña
para que aprendiera
a salir de la maraña.

Die philosophische Spinne

Eines Morgens lud die Spinne
den Menschen ein zu spinnen
da aber der Mensch seine Träume nicht
absondert
stieß sie ihn in ihr Spinnennetz
damit er lerne
dem Wirrwarr zu entrinnen

Pequeños

Was Kleines

Graba la mañana en tu memoria
no vaya a ser que despiertes
en una cuarto sin rendijas.

Speichere den Morgen in deinem Gedächtnis
nicht, dass du aufwachst
in einem Zimmer ohne Öffnung.

*

Los amigos siempre dan alegría
pero hay amigos que matan
ayer murío uno.

Die Freunde machen immer Freude
aber manche Freunde töten.
Gestern starb einer.

*

Estamos descuartizados
y tenemos el valor
de decirnos:
Nos vemos en la
carnicería.

Wir sind gevierteilt
und haben den Mut
zu sagen:
Wir sehen uns
in der Fleischerei.

Antonio Ruiz Pascual

spanischer und lateinamerikanischer Künstler in Arte Total organisiert, Vizepräsident des Kulturvereins La Bohème, Mitglied der Kulturföderation des Staatlichen Verbandes der Einwanderer- und Flüchtlingsverbände in Spanien – FERINE, Mitglied des Verbands der dominikanischen Schriftsteller in Spanien ACUDEBI. Er hat unter anderem Werke in Arabisch, Afrikanisch, Haitianisch, Quechua, Bulgarisch, Serbisch, Rumänisch, Russisch, Chinesisch, Japanisch, Koreanisch, Englisch, Französisch, Italienisch, Deutsch, Katalanisch, Galizisch und Baskisch übersetzt. Schon mehrmals war er Gast bei der CITA de la POESÍA.

Es un poeta español de gran categoría. Es el creador de Artistas españoles y latinoamericanos organizados en Arte Total, es vicepresidente de la asociación cultural La Bohème, miembro de la Federación Cultural de la Asociación Estatal de Asociaciones de Inmigrantes y Refugiados en España – FERINE, es miembro de la Asociación de Escritores Dominicos en España ACUDEBI. Su obra fue traducida al árabe, africano, haitiano, quechua, búlgaro, serbio, rumano, ruso, chino, japonés, coreano, inglés, francés, italiano, alemán, catalán, gallego y euskera, entre otros. Ha sido invitado varias veces a la CITA de la POESÍA.

Traducción Übersetzt von:
Jürgen Polinske und Barbara Quevedo-Krüger

La ciudad es más nuestra

cuando es capaz de no perder los rostros,
cuando deja caer la luz sobre los tejados,
cuando las llaves nos llevan al espejo de casa
y sentimos la certeza de que es nuestro domicilio,
allí me espera ella y siento que su luz es más fuerte
porque ella lo ilumina todo en esa vitalidad desesperada
donde la paz se encuentra con el alma a mitad de tarde
las vecinas cantan al tender la ropa, donde nuestras miradas se
cruzan
sin olvidar quienes somos entre los cristales rotos
que recuerdan la desnuda pedrada
los árboles con raíces del fondo unísonos
las violetas que en macetas adornan las ventanas
la ciudad es más nuestra porque no huele ha cerrado
porque se necesita vivir con confianza a pesar de los robos,
el humo de los coches y los gritos de los niños que juegan en el
patio
aquí la orilla del tiempo es flexible busca respuestas
y se quedan en reposo, aquí puedo escribir un poema,
duermo, amanezco y soy dichoso
Porque al abrir los ojos puedo sentir el mar en su origen,
Perú esa Lima que tiembla en su piel
su nobleza que se nutre en la estadía en esta habitación
donde envejecer es un final feliz entre nosotros
porque la prisa no existe
solo el deseo en infinitos acordes de armonía.

Licht auf den Dächern

Unser die Stadt fähig ihr Gesicht nicht zu verlieren,
wenn Licht auf Dächer fällt,
wenn Schlüssel zum heimischen Spiegel führen
und wir sicher sind, zu Hause zu sein.
Dort wartet Norma auf mich und ich spüre stärker Limas Licht,
das in dieser verzweifelten Lebendigkeit leuchtet,
wo mitten am Nachmittag Frieden auf die Seele trifft.
Die Nachbarinnen singen beim Klammern der Wäsche, unsere
Blicke treffen sich,

vergessen nicht wer wir inmitten zerbrochenen Glases sind,
vom bloßen Steinwurf spielender Kinder,
vergessen nicht die Alleebäume mit ihren Wurzeln in der Tiefe,
nicht die Veilchen in Töpfen, die Fenster schmücken.
Mehr noch gehört uns die Stadt, weil sie nicht verschlossen riecht,
weil trotz Diebstahl Zuversicht leben muss,
mit Autoqualm und Kinderschreien im Hof.
Hier ist der Rand der Zeit flexibel. Sucht
und findet Momente der Ruhe, hier kann ich ein Gedicht
schreiben.
Ich schlafe, erwache am Morgen und bin glücklich.
Öffne ich meine Augen, kann ich das Meer an seinem Ursprung
spüren,
ganz Peru, die Metropole Lima, die in ihrer Haut zittert,
deren Noblesse von meinem Heim genährt,
wo Alt-zu-werden zu einem glücklichen Ende zwischen uns führt.
Es gibt keine Eile
nur Verlangen in unendlichen Akkorden der Harmonie.

Si te encuentro soñando en esta parcela de tiempo

donde canta John Lennon Imagine
que no te despierte la ingravidez, ni las nubes negras,
ni el lunes gris que trae la calima a tu ventana,
sigue soñando donde el pez coletea y el deseo importa,
que se lleve la lluvia el odio,
el amor queda entre las palabras y
la euforia puede contra el llanto entregado a dos lunas,
no importa si el regreso es eterno
si en el sueño estás tú, amada mía,
entre la espuma, la piel y el fuego,
flotando más allá de este delirio inventado
donde se desata el grito en la piel amándonos, Norma,
donde las luciérnagas saben de la horas furtivas
del placer de cada pulsación
John Lenon sigue cantando desarmando cada verso
en la caída de la noche donde el teclado adormece,
despertarás con ansia ante el impacto arderás
donde la sed sustenta esta semblanza de latidos,
el arpegio asciende en la tonada, oprimiendo en el costado,
atrás quedaran los inviernos
que guarda ferozmente nuestro abrazo.

Nach diesen Wintern

Wenn ich dich träumend finde
zu diesem Zeitpunkt an dem John Lennon „Imagine" singt -
Lass dich nicht wecken von Schwerelosigkeit,
von schwarzen Wolken,
dem grauen Montag, der Dunst an dein Fenster bringt,
träume weiter davon, wo Fischflossen wedeln und das Verlangen
zählt,
lass Regen den Hass wegwaschen,
Liebe zwischen Worten bleiben und
Hochstimmung über Tränen siegen, die an zwei Monde gerichtet
sind,
unwichtig, ob sie jemals wiederkehren.
Im Traum dein Geliebter sein, Norma,
zwischen Schaum, der Haut und dem Feuer
schwebend, jenseits dieses erfundenen Fiebers,
dem Schrei deiner Haut, einander zu lieben.
Glühwürmchen kennen heimliche Stunden
des Vergnügens in jedem Pulsschlag.
John Lennon singt weiter und entwaffnet jede Strophe
im Herbst der Nacht, in der das Klavier dich in den Schlaf wiegt,
und du ängstlich erwachen wirst vom Einschlag,
brennend vom andauernden Durst,
und das Arpeggio zur Melodie anwächst, dir in die Seite sticht.
Zurück werden Winter bleiben
die unsere Umarmung streng bewacht.

José Pablo Quevedo

Javier Cáceres Jara

Sänger und Autor aus Peru:
Emigrant, musikbegeistert, Autodidakt, sind vielleicht die besten Wörter, um mich zu beschreiben. Mit acht Jahren in Lima (Peru) zum ersten Mal auf einer Bühne, entdecke ich die Magie des Gesangs. Parallel dazu die Welt der romantischen Boleros und Balladen, der lateinamerikanischen Volksmusik und des klassischen Gesangs, sowie Lieder auf Deutsch, Russisch, Ukrainisch. Solist in verschiedenen Musikgruppen und Teilnahme an vielen Konzerten und Festivals. Jetzt im intimen Dialog mit der Poesie. So ist es auf seiner Web-Seite zu lesen.

Emigrante, melómano, autodidacta, son quizás las mejores palabras para describirme. A los ocho años en Lima (Perú) por primera vez en un escenario descubrí la magia del canto. Al mismo tiempo, el mundo de los boleros y baladas románticos, la música folclórica latinoamericana y el canto clásico, así como las canciones en alemán, ruso y ucraniano. Solista en diversos grupos de música y participación en numerosos conciertos y festivales. Ahora en un diálogo íntimo con la poesía. Autor del poemario "Reflejos". Esto es lo que puedes leer en su web

Traducción Übersetzt von:
Jürgen Polinske

Primeras impresiones en Charkiw

En plena mocedad, jóvenes y caminantes,
dejamos con tristeza nuestros hogares,
era el deseo que nos alentaba,
el deseo de salir adelante.

El largo viaje y los primeros amigos,
todos como yo, con un sueño en la mano,
pasaron unos días y de pronto escuchamos:
! Vamos a estudiar en la ciudad de Charkiw !

Llegamos al albergue y dormimos tranquilos
pensando todos en los seres queridos,
al día siguiente sin perder tiempo
pasamos todos juntos el control médico.

En las mañanas las clases de idioma,
por las tardes disfrutando la ciudad
los parques verdes y la fontana de la plaza central,
! Esta es la hermosa la ciudad de Charkiw !

Con temple y constancia terminamos la carrera,
algunos con talento, otros con demora,
yo aprendí ingeniería en medio de melodías,
entonando canciones y también poesías.

Ahora despues de años y décadas
los recuerdos me abrazan y mi interior vibra
la primera amiga, los primeros éxitos
y una palabra que en mi interior vive:
Charkiw.

Erste Eindrücke in Charkiw

In voller Jugend, wir jungen Leute, Suchende,
wehmütig verließen wir unsere Heimat,
getrieben vom Wunsch, ermutigt,
voran- weiterzukommen.

Die lange Reise und die ersten Freunde,
alle wie ich, mit einem Traum in der Hand,
nach wenigen Tagen die Nachricht:
! Wir werden in der Stadt Charkiw studieren!

Im Hostel gelandet schlummerten wir friedlich.
Ein Jeder dachte an seine Lieben daheim,
am nächsten Tag schon ohne Zeitverlust
untersuchte uns ein Arzt.

Vormittags im Sprachunterricht,
am Nachmittag die Stadt genießen
die grünen Parks und den Brunnen auf dem zentralen Platz,
! Das ist die wunderschöne Stadt Charkiw!

Mit Mut und Ausdauer erreichten wir das Ziel,
mit Talent so mancher, andere verzögert,
Ich wurde Ingenieur und inmitten von Melodien
erlernte ich Lieder und Gedichte zu singen.

Jetzt nach Jahren, nach Jahrzehnten
mein Inneres vibriert, Erinnerungen umarmen mich
die erste Freundin, Erfolge zaghaft erst
und das Wort, das in mir lebt:
Charkiw.

DAR LAS GRACIAS

Estamos en tiempos urgentes,
en donde la voz del silencio prevalece,
no dar las gracias es un argumento que se pierde,
en el ancho mar de la razón que siente.

Dando las gracias se valora todo,
magia y cirugía del corazón que aprecia,
noble manera de dar al prójimo un presente,
dádiva que no se olvida fácilmente.

En la vida se presentan ocasiones,
instantes solemnes para alguién que espera,
expresión corta en melodía prodigiosa,
lienzo invisible de color y esperanza.

Dar las gracias es un mensaje en su esencia,
frase que despliega un sentimiento latente,
frase que al pronunciarla se transforma en luz.

SAG DANKE

Jetzt sind drängend die Zeiten und stürmisch
tief im Meer der Vernunft gefühlt.
Verloren die Argumente, keines mehr zählt
und Stimmen werden unter Stille gewühlt.

Widerrede und Danken schätzen den Wert
von Magie, Freude und Herzchirurgie,
sind Gabe dem Nächsten, so oft vermißt,
das einfache Geschenk, das jeden ehrt.

Schmerzlich verpasste Momente Danke zu sagen,
schmerzlicher noch kein Danke zu hören, nie,
dies kleine Wort, das eine ganze Sinfonie
und auf unsichtbare Leinwand kann Farben tragen.

Danke sagen, die freundliche Botschaft,
der Satz, der vom Menschsein handelt
und ausgesprochen sich in Licht verwandelt.

José Pablo Quevedo

Pablo Cantuarias

geboren 1986 in Chile, lebt seit 2009 in Berlin. Er hat Tontechnik, Philosophie, Altgriechisch und Geologie an den Universitäten Vicente Perez Rosales, der Humboldt Universität zu Berlin, der Freien Universität Berlin und der Universidad Complutense de Madrid studiert. Er belegte den ersten Platz bei der chilenischen Nationalmeisterschaft für Schach in den Jahren 1996 und 2000.

Seine Werke sind: 2005-2008 Komposition und Produktion des Albums von elektronischer Musik $f(s)=(s)x-1$2005-2009: Gitarrenspieler und Komponist im ersten Album der chilenischen Band Cine Marte: *Un día de abril* 2011-2012: Schauspieler in den Filmen *La Ville, Es gibt kein morgen, Eure Angst Macht Hungrig* und *Dosengelächter* 2017: Veröffentlichung des dichterischen Imaginariums *Hacia Otruno* 2022: Veröffentlichung des dichterischen Imaginariums *Fuerza Creadora*

Nacido en 1986 en Chile, reside en Berlín desde 2009. Estudió ingenería del sonido, filosofía, griego antiguo y geología en las Universidades Vicente Pérez Rosales, la Universidad Humboldt de Berlín, la Universidad Libre de Berlín y la Universidad Complutense de Madrid. Logró el primer lugar en el Campeonato Nacional de Ajedrez de Chile en 1996 y 2000.

Traducción Übersetzt von:
Jürgen Polinske

FLORES DE LUZ

Fuerza Creadora

¿adónde nos conduces?

¿Cuál espuma dejas que mis ojos bañen para ver seres maravillosos
únicamente,

cargamos juntos la litera de estas olas,

de océano en azote a la noche de la nada,

una lengua serpenteante similar que por el bosque de oniria

lumie?

Fuerza Creadora

Mantra de los Creceres

Poroso espumoso fuego

enredadera en las nubes de oniria

¡En carne de luz rosa vaginal eclosiona!

BLUMEN DES LICHTS

Schaffende Kraft
Wohin führst du uns?
In welchem Schaum baden meine Augen, nur um wundervolle
Wesen zu sehen,
gemeinsam beladen wir die Liegestatt dieser Wellen,
des Ozeans, die geißeln die Nacht des Nichts,
ähnlich einer Lichtschlangenzunge, die leckt durch den
Leucht-Abgrundwald?

Schaffende Kraft
Mantra ewigen Wachsens
poröses schäumendes Feuer
Schlingpflanze in Traumwolken
in rosigen Öffnungen des Fleisches!

PANTABRILLO

Librieal

Nube humildada en alas

palabras de vapor de entendimiento

Mis manos, nuestras luces que escriben

sobre el pasto dorado de una brisa de abrazo expandido

en las nubes que se alejan bañando al cielo

crece el pincel que enciende brilleterna paz,

por las bandadas de las mirancias batiendo las ojas

un eternial silencioso y recodido deflagra en el espacio,

un pantabrillo de llamas de hierba blanca

ALLBRILLANZ

Freihimmlisch

die Wolke gedemütigt in Flügeln

in Dampfworten des Verstehens

Meine Hände, unsere Augenlichter schreiben

auf goldigem Gras der Brise einer wachsenden Umarmung
in zurückweichenden Wolken, die den Himmel baden

der Pinsel wächst, der den ewig strahlenden Frieden entzündet

durch Scharen gemeinsamer Blickbegegnungen,
Augenaufschlägen,
ist ein stilles Wesen, in sich gegangener Ewigkeit, im Raum,
ein Scharfsinn in Flammen weißer Wiesengräser

ECOS DE LUZ

Pájaros de luz

ecos

de dónde viene la voz que pide

las olas del mar con manos de espuma rozan
eternas al llegar al promontorio
y el partir de la suavidad desprendida
palabra de nube
llama las voluntades a encielarse
¡la calma de tiempo devenga en ellas!

Ecoico trino de luz

LICHTECHOS

Lichtvögel

Echos

Woher kommt die Stimme, die bittet

dass Wellen des Meeres mit Schaumhänden streicheln

ewig das Vorgebirge erweichen

und der Abschied gelöster Sanftheit

Das Wolkenwort

ruft, den Willen zum Leuchten

die Ruhe der Zeit darin

widerhallendes Trillerlicht

GOTA DE LUZ

Tú
ahi detrás de esas ropas,
de esas máscaras,
arrebatado de las sombras por farolas neblionosas,
también eres un esfumado recuerdo,
un perfil en desaparición entre las nocturnas aguas
Soy un candil que arde de fuego blanco,
cuando me acerco a ver que eres,
crece de ti una cascada de actos enverdecidos,
como un árbol buscando beber una gota de luz
Yo soy la luz,
brinco cual fuebrillo por las ramas
hasta alcanzar una mirancia e ilumiernar,
mas cuando sigo,
puede que el bosque se recueste en la penumbra,

si el saltaluz no ensiembra

LICHTTROPFEN

Du
dort unter diesen Kleidern,
hinter Masken,

von nebligen Straßenlaternen aus den Schatten gerissen,
Du bist auch eine verblasste Erinnerung,
ein entschwindendes Profil im nächtlichen Wasser

Ich bin ein Leuchter, brenne mit weißem Feuer,
wenn ich mich nähere, um zu sehen, was du bist,
erwächst aus dir eine Kaskade begrünter Taten,
wie ein Baum, der sucht einen Tropfen Licht zu trinken

Ich bin das Licht
Zunderglanz zwischen Zweigen
bis ich das bedeutende Sehen erreiche, springe und erleuchte
aber wenn ich von dort entweiche
möge der Wald sich ins Dunkle legen,

wo der Lichthüpfer[1] nicht sät

---

[1] Mögl. Ein Heupferd oder eine Heuschrecke?

Wolfgang Fehse

ist ein deutscher Schriftsteller und Theaterautor, geboren am 22. Februar in Nürnberg. Nach dem Abitur studierte er Sozialpädagogik und arbeitete als Taxifahrer, zeitweise als Sozialarbeiter und in anderen Berufen. Seit 1964 veröffentlicht er und lebt seit 1986 als freier Autor in Berlin. Er ist Mitglied im VS Berlin, war Mitherausgeber von Zeitschriften und Anthologien. Seine Science-Fiction-Komödie „Das Gerät" wurde 1986 beim Berliner Volkstheater und 1987 beim Theater der Autoren aufgeführt. 2007 erhielt er den Sonderpreis beim Lyrikfestival Montenegro. Aktiv in vielen Lyrikkreisen, engagiert er sich besonders bei den Poeten für den Frieden.

Es un escritor y dramaturgo alemán que nació el 22 de febrero en Nuremberg. Después de terminar la secundaria, hizo estudios de educación social y trabajó como taxista; también temporalmente ocupó un puesto como trabajador social y trabajó en otras profesiones. Desde 1964 publica y vive en Berlín como autor independientedesde 1986. Es miembro de VS Berlín y fue un conocido coeditor de revistas y antologías. Su comedia de ciencia ficción "El aparato" se representó en el Berliner Volkstheater en 1986 y en el Teatro de Autores en 1987. En 2007 recibió el premio especial en el Festival de Poesía de Montenegro. Participa activamente en muchos círculos poéticos, particularmente con Poetas por la Paz.

Traducción Übersetzt von:
Jürgen Polinske

VORSORGE

Es ist gut
wenn man eine Zimmernummer hat
einen Ausweis und
zwei Dutzend Pornofilme.
Ein Handy am Kopf
drei psychiatrische Anstalten vor Ort
sowie einen Präsidenten
der Industrie- und Handelskammer.
Drei Schüsse im Knie
Angst im Nacken
Lebertran in der Glotze und
fünf Pfund Schweinefleisch auf Vorrat.
Nicht zu vergessen das gehäkelte Deckchen
für kalte Tage.

PREVENCIÓN

es bueno
si tienes un número de habitación
una identificación y
dos docenas de películas porno.
Un celular en tu cabeza
tres hospitales psiquiátricos en el lugar
y un presidente
len a Cámara de Comercio e Industria.
Tres tiros en la rodilla
Miedo en el cuello
Aceite de hígado de bacalao en la tele y
cinco libras de carne de cerdo en stock.
Sin olvidar el tapete de croché.
para los días fríos.

ZEICHEN

Unermüdlich klopfst du deine Zeichen
sanft und zärtlich an die Wand
mich in der Nachbarzelle zu erreichen
in meinem fernen und zerstörten Land

Du klopfst nun schon die dritte Nacht
und ich versteh nicht, was du sagen willst
was du so dringend sagen willst
wie einem Schlafenden, der nicht erwacht

Wie einem Träumenden, der spürt
dass da ein andrer Tag sich regt
dass sich die Tür auftut, die Wand verliert

Dass sich die Schreckenswand verliert
dass eine Hand sich zärtlich auf ihn legt
und mich zu meinem Ebenbilde führt

FIRMAR

Golpeas tus señales incansablemente
suave y tiernamente en la pared
para comunicarse conmigo en la siguiente celda
en mi tierra lejana y destruida

Has estado llamando por tercera noche.
y no entiendo lo que intentas decir
lo que tanto quieres decir
como un durmiente que no despierta

Como un soñador que siente
que otro dia llegara
que la puerta se abre, la pared pierde

Que el muro del terror desaparece
que una mano se posa tiernamente sobre él
y me lleva a mi propia imagen

Renate Maria Riehemann

wurde 1955 geboren, lebt in Osterode am Harz. Pädagogin, Dichterin, Erzählerin. Mehrere Einzelveröffentlichungen, zuletzt: Schneevogel, Gedichte, 2023; *Von Weitem Kraniche*. Haiku-Heft 05, 2022; *Die Zeit in den Leinenlumpen*. Erzählungen, 2022. Initiatorin des Literaturpreises Harz und des Lyrischen Gartens. Gründungsmitglied und Vorsitzende des Vereins *Lyrik lebt e. V*

Nació en 1955 y vive en Osterode am Harz. Educadora, poeta, narradora. Varias publicaciones individuales, la más reciente: Schneevogel, Poems, 2023; Grúas a lo lejos. Haiku número 05, 2022; El tiempo en los trapos de lino. Cuentos, 2022. Iniciador del Premio de Literatura Harz y del Jardín Lírico. Miembro fundador y presidenta de la asociación Lyrik lebt e.V.

Traducción Übersetzt von:
Jürgen Polinske

Tabula rasa

Fällt mal den Baum dort an der Ecke,
er steht schon hundert Jahre dort.
Kappt dann die alte Buchenhecke,
das Schneiden wär ja reinster Mord.

Stecht hurtig aus den Löwenzahn,
bevor's noch Pusteblumen sind.
Macht schnell! Und bitte denkt daran,
der ärgste Feind ist uns der Wind.

Auch fort dort mit dem wilden Rasen,
denn wo kein Vieh ist, braucht's nicht Klee.
Die Schafe sollen woanders grasen,
ihr Blöken tut den Ohren weh.

Für die Schnecken nehmt ein Messer,
ich will sie nicht im Garten sehn.
Alle tot! So ist es besser! Doch:

Lasst mir das Gänseblümchen stehn.

tabla rasa

Corta ese árbol que hay en la esquina,
ha estado allí durante cien años.
Luego corta el viejo seto de haya,
Cortarlo sería puro asesinato.

Arranca rápidamente los dientes de león,
incluso antes de que sean dientes de león.
¡Apresúrate! Y por favor recuerda,
Nuestro peor enemigo es el viento.

Allí también con la hierba salvaje,
Porque donde no hay ganado no hace falta el trébol.
Las ovejas deberían pastar en otro lugar,
sus balidos te duelen los oídos.

Para los caracoles utiliza un cuchillo,
No quiero verlos en el jardín.
¡Todos muertos! ¡Es mejor así! Pero:
Déjame la margarita.

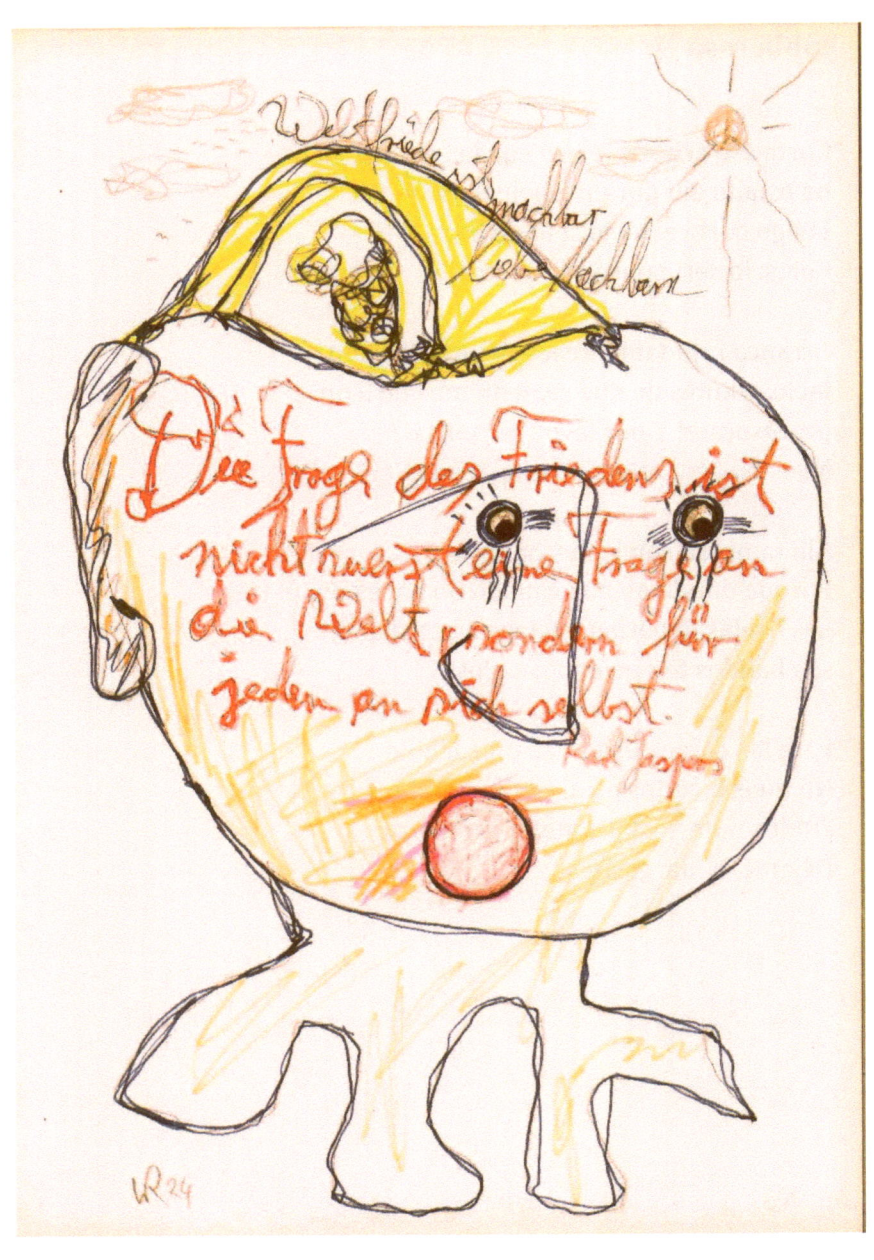

Rainer Wieczorek   Weltfriede …

Héctor José Rodríguez Riverol

Músico, escritor, editor y gestor cultural de La Palma, Islas Canarias, España , nacido en 1974. Ha publicado 12 libros de poesía (5 de ellos compartidos), 1 de literatura infantil, 4 antologías (coautor) y 5 trabajos discográficos en solitario bajo el pseudónimo *Acheseté*. Ha sido traducido al inglés, portugués, rumano y francés. Es presidente de la Asociación Abra Canarias Cultural.

geboren 1974, Musiker, Schriftsteller, Herausgeber und Kulturorganisator auf La Palma, Kanarische Inseln, Spanien. Er hat 12 Gedichtbände, davon fünf gemeinsam mit anderen Dichtern und Dichterinnen und ein Kinderbuch veröffentlicht, ist in vier Anthologien zusammen mit anderen Autoren vertreten, und hat vier CD's unter dem Pseudonym *Acheseté* herausgebracht. Texte von ihm sind ins Englische, Portugiesische, Rumänische und Französische übersetzt worden. Er ist Vorsitzender der Vereinigung Abra Canarias Cultural.

Traducción Übersetzt von:
Barbara Quevedo-Krüger und José Pablo Quevedo

QUE FLOREZCA EL ESPINO

Fragmentos del libro inédito

2

Sabe de sueños el vientre desnudo,
la flecha lanzada de fisuras en la bóveda celeste,
la ventana vacía de miradas al océano,
de memoria las postales,
de postales los aromas;
canción para los sentidos de un niño octogenario.
Echa a los pájaros mi carne picada.
Después de todo fueron ellos
quienes anidaron una vida en mi pútrido cuerpo.
Son culpables y yo su cómplice.
¿Por qué se persignan los testigos
si para hollar sobre mi nombre
no hicieron falta pájaros?
¿Cuántas veces deberíamos morir en vida?
¿Cuántas veces negarnos el perdón?
El báratro habita en la memoria;
sabe de recuerdos,
de paredes y puñales,
de asideros y rastrojos...

LASST DEN WEISSDORN BLÜHEN

Auszüge aus dem unveröffentlichten Buch

2

Der nackte Bauch weiß um die Träume,
der Pfeil, der aus den Rissen des Himmelsgewölbes
geschossen wird,
das leere Fenster mit Blick auf den Ozean,
zur Erinnerung Ansichtskarten,
von Ansichtskarten Düfte,
ein Lied für die Sinne eines achtzigjährigen Kindes.
Wirf mein angefressenes Fleisch den Vögeln vor.
Schließlich waren sie es, die ein Leben lang
in meinem fauligen Körper nisteten.
Sie sind schuldig und ich bin ihr Komplize.
Warum bekreuzigen sich die Zeugen,
wenn, um meinen Namen mit Füßen zu treten,
keine Vögel nötig wären?
Wie viele Male müssen wir im Leben sterben?
Wie oft uns die Vergebung verweigern?
Das Inferno wohnt im Gedächtnis,
es weiß von Erinnerungen,
von Mauern und Dolchen,
von Haltegriffen und dürrem Laub.

Dormir es un exilio de calma sin cura,

fajar nubarrones en la oscuridad del imprevisto,
en su desabrochada fugacidad:
naderías —y cosas en esa línea cómplice—,
apostar las vueltas de un trompo,
las derrotas de mutuo acuerdo,
el caparazón y su ilegítimo inquilino.
En las cárceles donde no hay reconciliación
la brizna se confiesa motivo del cambio
e hilvana melodías en su nido;
solo los cuervos graznan,
y las palomas enmudecen mi voz
en el tercer acto de esta comedia surrealista,
previsible,
incorpórea,
al trasluz de una conciencia cosida a balazos.
Pregunta a la rosa del desierto
si podría la arena manifestarse
radical y genuinamente bella.

Der Schlaf ist ein Exil der Ruhe ohne Heilung,

Gewitterwolken in Bewegung versetzen in der Dunkelheit des
Unvorhergesehenen,
in ihrer lockeren Flüchtigkeit:
Nichtigkeiten – und Dinge in dieser komplizenhaften Linie –,
auf die Drehungen eines Kreisels wetten,
auf die Niederlagen von gegenseitigem Einverständnis,
auf die Schale und ihren unrechtmäßigen Bewohner.
In Gefängnissen, wo es keine Versöhnung gibt,
bekennt sich der Faden als Motiv der Veränderung
und verknüpft Melodien in seinem Nest;
nur die Krähen krächzen
und die Tauben bringen meine Stimme zum Schweigen
im dritten Akt dieser surrealistischen Komödie,
vorhersehbar,
körperlos,
im Gegenlicht eines Bewusstseins, das mit Kugeln genäht ist.
Frag die Rose der Wüste,
ob der Sand sich zeigen könnte
radikal und wahrhaft schön.

Almut Armélin

geboren 1941 in Halle/Saale, studierte Volkswirtschaft an der Humboldt-Universität zu Berlin. Seit 2014 gehört sie zum Köpenicker Lyrikseminar/der Lesebühne der Kulturen Adlershof, schreibt seitdem Gedichte. Veröffentlicht in Anthologien: Seltenes spüren (2014), Lo que debemos decir hoy ... los poetos (2016), Brennen auf den Nägeln und der Seele (2018), Anthologien der CITA de la POESÍA vergangener Jahre.

Almut Armélin, nacido en Halle/Saale en 1941, estudió economía en la Universidad Humboldt de Berlín. Desde 2014 forma parte del seminario de poesía de Köpenick/Escenario de lectura de las culturas de Adlershof y desde entonces escribe poemas. Publicado en antologías: Sentirse Raro (2014), Lo que debemos decir hoy...los poetas (2016), Ardor en las uñas y el alma (2018), Antologías de la Cita de la Poesía de años anteriores.

Traducción Übersetzt von:
José Pablo Quevedo

.-- .... .- - / .... .- - .... / --. .. -.. / .-- ... .- --. .... –

What hath God wrought?

Samuel Morse am 24. Mai 1844

punkte und striche
kurz oder lang
zwischen
Washington und Baltimore
nähe

signale weltweit
segen und fluch
lauf einer zeitrafferschrift
vom glück begünstigt

einschaltbar *dit* und *dah*
optisch oder akustisch
klopfzeichen für nebenan
online entschlüsselt

von dir zu mir
zeichen von licht und ton
ein gedicht

.-- .... .- - / .... .- - .... / --. .. -.. / .-- ... .- --. .... -

¿Qué ha hecho Dios?

Samuel Morse el 24 de mayo de 1844

puntos y rayas
cortos o largos
entre
Washington y Baltimore
cercanías

señales en todo el mundo
bendición y maldición
el transcurrir de la escritura acelerada
favorecida por la fortuna

encender dit y dah
óptico o acústico
señal de llamada a la puerta de al lado
descodificado en línea

de ti hacia mí
signos de luz y sonido
un poema

Ulrich Grasnick

wurde 1938 in Pirna geboren. Von 1959 bis 1963 studierte er an der Hochschule für Musik in Dresden und war bis 1973 Mitglied des Ensembles der Komischen Oper Berlin. Eine Begegnung mit Marc Chagall 1977 in Frankreich war für ihn lebensprägend. Musik, Malerei, überhaupt gestaltende Künste, Landschaften und Literatur anderer inspirierten ihn immer wieder zu neuen Werken. Eine Liste davon füllte mehrere Seiten. Seit über 40 Jahren leitet er das Köpenicker Lyrikseminar/Lesebühne der Kulturen, das an mehreren Orten in Berlin zu Hause war. Aus diesem Kreis entwickelte sich auch die internationale Dichterbegegnung CITA de la POESÍA. Die Arbeit dort mit insbesondere jungen Menschen und die Arbeit für den seit 2017 ausgelobten Ulrich-Grasnick-Lyrikpreis sind wohl sein größter und nachhaltigster Verdienst.

Nació en Pirna en 1938. De 1959 a 1963 estudió en la Universidad de Música de Dresde y fue miembro del conjunto de la Komische Oper de Berlín hasta 1973. Un encuentro con Marc Chagall en Francia en 1977 le cambió la vida. La música, la pintura, las artes creativas en general, los paisajes y la literatura ajena le inspiraron continuamente para crear nuevas obras. Una lista de ellos ocupaba varias páginas. Desde hace más de 40 años dirige el Seminario de poesía de Köpenick/Escenario de lectura de las culturas, que tuvo su sede en varios lugares de Berlín. De este círculo surgió también el encuentro internacional de poesía Cita de la Poesía. El trabajo allí, especialmente con los jóvenes, y el trabajo para el Premio de Poesía Ulrich Grasnick, concedido desde 2017, son probablemente su mayor y más duradero logro.

Traducción Übersetzt von:
José Pablo Quevedo

Mühle und Windrad

James Blyth baute 1887 ein Rad
mit Rotor und Baumwollsegeln

Es muss nicht immer etwas Festes sein,
dem Schatten einen Halt im Wind zu geben,
mit Flügeln in den Himmel greifen,
die Wolken häckseln, und warten darauf,
dass die Sonne ihr Signal setzt für den Tag.

Alles geschieht nah an Ort und Ufer,
um Korn zu zermahlen,
um Mehl in den Wind zu streuen,
uns mit der sanften Stimme eines Wolfs
allen Argwohn zu vertreiben,
und Tiere lächeln sehen.

Mühle und Windrad
leben vom Echo der Quellen,
vom Leuchten in der Tarnung
milchweißer Lampen.
Wind und Wasser,
wie ihr, alte Nachbarn, möchte ich sein,
immer finden in die Balance
einer Waage zurück.

Noch gehört mir die Erinnerung
an die rauschende Drehtür des Wassers,
das liebe, verlässliche Wasser
mit dem Papierschiff der Kindheit,
seinen verspielten Umdrehungen im Wind.
Tag und Nacht spüre ich sie
unter meinen Füßen.

Windrad, dichter Nebel hindert dich nicht,
dein Ziel zu finden.
Fern bleibt das Bedrohliche
vom Lanzenhieb Don Quichottes,
verblasst am großen Herzen seiner Fantasie.
Sprachen und Ernten leben zusammen,
ruhen aus in farbigen und weißen
Atem des Herbstes und des Winters,
bei wechselnden Ernten,
im Sog einer kreisenden Welt.

Molino y rueda eólica

En 1887 James Blyth construyó una rueda
con un rotor y velas de algodón

No siempre tiene que ser algo firme
para dar a la sombra un punto de apoyo en el viento,
para alcanzar el cielo con alas,
rozar las nubes yesperar al sol
a que dé su señal al día.

Todo sucede cerca del lugar y de la orilla
para moler el grano,
para esparcir harina al viento,
y apartar con la apacible voz de un lobo

toda sospecha de nosotros
y ver sonreír a los animales.

Molino y rueda eólica
viven del eco de los manantiales,
del resplandor en el camuflaje
de lámparas blancas como la leche.
Viento y agua,
como vosotros, viejos vecinos, quiero ser,
encontrar siempre el equilibrio
de una balanza.

Todavía tengo el recuerdo
de la tempestuosa puerta giratoria del agua,
el agua querida y fiable
con el barco de papel de la infancia,
los giros juguetones en el viento.
Día y noche la siento
bajo mis pies.

Rueda eólica, la niebla espesa no te impide
que encuentres tu destino.
La amenaza permanece lejos
de la lanza de Don Quijote,
se desvanece en el gran corazón de su imaginación.
Las lenguas y los cultivos conviven juntos
descansan en el aliento colorido y blanco
del otoño e invierno

las cosechas que cambian,
en la vorágine de un mundo giratorio.

José Pablo Quevedo   Garcia Lorca

José Pablo Quevedo

Nacio 1945, Piura (Perú), creador polifacético, poeta, filósofo y ensayista, es autor de una amplia obra poética de más de diez libros. Además de su producción narrativa y ensayística, ha escrito para niños una serie de guiones dramáticos —realizados y difundidos por Radio Berliner Rundfunk de Berlín, desde 1986—, así como más de dos docenas de canciones.Es fundador del grupo literario MeloPoefant (Sismo Poético Resistente), y desde mayo de 1996 organiza la "Cita de la Poesía: Latinoamérica – Españ –Berlín" que se ha relizado ya 26 veces. Es creador de Arte Regresivo y trabaja para su difusión.Ha recibido diversas medallas, distinciones y homenajes en varios países de América Latina y España.

Geboren 1945 in Piura, Peru, vielseitiger Künstler, Dichter, Philosoph und Essayist. Er ist Autor eines breiten poetischen Werkes von mehr als zehn Büchern. Für Kinder hat er eine Reihe Hörspiele geschrieben, die der Berliner Rundfunk seit 1986 gesendet hat. Für mehr als zwei Dutzend Lieder hat er Texte geschrieben. Er ist der Begründer der literarischen Gruppe Melopoefant (Poetisches Widerstandsbeben). Seit Mai 1996 organisiert er die Dichterbegegnung CITA de la POESÍA Lateinamerika- Spanien – Berlin, die 2024 zum 27. Mal stattfindet. Er ist Schöpfer der Bewegung Arte Regresivo und arbeitet für die Verbreitung der Regressiven Kunst. Er hat verschiedene Medaillen, Auszeichnungen und Ehrungen in mehreren Ländern Lateinamerikas und in Spanien erhalten.

Traducción: Übersetzt von:
Barbara Quevedo-Krüger

Picasso

1907, marea picassiana para una momentánea
en una corrida de toros en la Arena de Barcelona.

El sol con su disco de fuego tendido o apuntando sobre la plaza
ordena a toros negros y a toreros en trajes relucientes
crecer bajo sombras azulinas.

¡Que hay acción, audacia y olees y nuevamente olees sobre la arena
donde los toros muestran sus cuernos alzados
y a los toreros en poses danzantes sus capas moviendo!

Mientras los aficionados gritan ¡Vamos Manolete, vamos matador,
esgrime lo mejor, ajusta al toro!;
con puntos y guiones gordos la mano diestra del Maestro
expande el lápiz, retiene sobre el papel los estruendos fluyentes
de los gritos de: ¡Torero!, ¡Torero! y los bravos ante los pases del matador.

Cuando el bravío pasa rasgando con sus dos cuernos la vestidura
del torero,
hay alarmas y voces emocionadas y estridentes.
Mas no hay cornada, ni sangre del torero,
quien más parece bailar como una letra YEEE
con las banderillas alzadas y con su sombra sobre la arena.

Pero hay algarabía y una fiesta en la corrida
cuando se hacen volar los sombreros por los aires,
y que el Maestro recoge y retiene con puntos y guiones nuevos.

Pero nadie sabe todavía que el siglo apuntará sobre esos ojos negros,
y esas manos diestras
en el fluir del pincel,
como lo sabe hacer el sol con su luz
haciendo puntos luminosos sobre las aguas
y en los colores de la arena.

Yo les digo, es cuando el poeta-pintor ha pasado por un agujero **negro**,
por el cual Dios no puede pasar.

Picasso

1907, Picasso'sche Flut für eine Momentaufnahme
bei einem Stierkampf in der Arena von Barcelona

Die Sonne, eine Feuerscheibe über dem Stierkampfplatz
befiehlt den schwarzen Stieren und den Toreros in leuchtenden Anzügen
zu wachsen unter bläulichen Schatten.

Welche Bewegung, welcher Mut und Olé und wieder Olé in der Arena!
Stiere drohen mit erhobenen Hörnern
und Toreros schwenken ihre Capas in tänzelnder Pose.

Die Menge schreit begeistert: Los, Manolete, kämpfe Matador, schwing
den Degen, richte den Stier!
Die rechte Hand des Meisters jedoch zückt den Stift, hält auf dem Papier
mit Strichen und Punkten
das auf- und abschwellende Rufen fest: Torero! Torero! Bravo! Nur Mut!

Der Stier, gereizt, streift mit seinen Hörnern die Kleidung des Toreros,
gellende Rufe und aufgeregte Stimmen füllen den Platz.
Doch es kommt nicht zum Schlimmsten, kein Blut fließt beim Torero,
er scheint zu tanzen, steht wie ein Ypsilon vorm Stier,
mit beiden Händen hoch die Banderillas haltend.

Die Stimmen werden lauter, die Zuschauer stehen
und schwenken die Sombreros in der Luft,
es ist ein einziges Fest und der Meister hält es fest auf dem Papier
mit neuen Strichen und Punkten.

Aber noch weiß keiner, was das Jahrhundert über diese schwarzen
Augen schreiben wird, und über diese geschickte Hand, die den Pinsel
zügig führt, wie es die Sonne macht mit ihrem Licht,
glitzernde Punkte auf das Wasser zaubert in den Farben des Sandes.

So ist es, wenn der Dichtermaler durch ein schwarzes Loch gegangen ist,
durch das Gott nicht gehen kann.

Homenaje al pintor Eladio Ruiz

Entre vellones de oro de la matinal mañana despertamos, cantos de
gallos, sol tierno, frío del Ande, marroneros cerros. El paladar del
café saboreado.
Solemnes frases de su boca y dichos de su habla,
su risa estruendosa, la mano ancha entregada.
La ternura y la perseverancia de su alma.
Su ofertorio cuando se va la tarde llena de ilusiones.

Y, ¿cómo convertir
esos viernes en dignatarios domingos? - Me dice.
Ellos están provistos en su reposo de nuestros húmeros,
de caminos, de enlaces, de bases de piedras de granito.
Aunque sus columnas parecen disparadas hacia la nube.

La identidad de la calle y de los huertos
con el sol de mediodía nos atrapa
cuando queremos diluir lo que fue luz y sombra
en nuestras vidas.
Allí cada vez despertamos,
y como ruedas de un molino vueltas damos.

Entre sauces aún viejos, pero reverdeciendo por los años,
Eladio me habla, como habla un viejo tronco al viento.
De agua en agua el chorro raudo de su gloria viene
de su largo trajinar por América y el mundo.

Suave es el aleteo de su alear de cóndor,
yendo aquí y yendo en el yendo de otras tierras.
Otoños regando aún de la lluvia sobre los tejados
que calan recuerdos entre nieblas de inmensos abriles.
La memoria va recogiendo sus viernes de bondades.
Viernes fueron, acaso? - Exclama.

Valles de la soledad donde cultivé mis glorias,
donde el siglo no quedó abandonado, acaso, dorado fue?

Y un carámbano tocando el pistilo de la última flor
en el tejado se hace como vidrio por la escarcha.

Hommage an den Maler Eladio Ruiz

Zwischen goldenen Vliesen des frühen Morgens erwachen wir,
vom Krähen der Hähne, den zarten Sonnenstrahlen,
der Kälte der Anden, den rötlichbraunen Bergen.
Aromatischer Kaffee, ein Genuss.

Feierlich die Sätze aus seinem Mund und das Sprichwörtliche

seiner Sprache,

sein dröhnendes Lachen, die breite Hand uns entgegengestreckt.
Die Sanftheit und die Ausdauer seiner Seele.
Seine Gabe, dass Abende voller Phantasien wachsen.

„Und wie sollen Freitage
zu würdevollen Sonntagen werden?", fragt er mich.

Sie erinnern an den Tod César Vallejos,
seine Wege, Verbindungen und die granitenen Fundamente.
Sogar wenn seine Größe scheinbar bis an die Wolken reicht.

Die Harmonie der Straße und der Gärten
in der Mittagssonne fängt uns ein,
wenn wir ergründen wollen, was Licht war und was Schatten
in unserem Leben,
erwachen wir jedes Mal
und drehen uns wie Räder einer Mühle.

Unter den alten Weiden, die immer wieder grünen,
spricht Eladio mit mir, wie ein Stamm trotzt dem Wind.
Von Wasser zu Wasser spült es den Ruhm,
seiner Werke, seines langen Wirkens in Amerika und der Welt.

Sanft ist sein Flügelschlag wie der des Kondors,
wenn er hier und in andere Weiten fliegt.
Herbste, wenn Regen fällt auf die Dächer,
hinterlassen Erinnerungen zwischen Nebeln
vom mächtigen April.

Die Erinnerung bewahrt Freitage
voll mit seiner Warmherzigkeit.
„Waren es denn Freitage?", ruft er aus.
„Täler der Einsamkeit, wo ich mich meiner Kunst hingab,
als das Jahrhundert nicht einsam war, vielleicht sogar golden?"
Und ein Eiszapfen, der den Stempel der letzten Blume berührt,
wird am Dach durch den Reif zu Glas.

Jürgen Polinske   aufgetaucht oder wer ist Omurg

Jeannette Abée

ist Mitglied im Friedrichshainer Autorenkreis (FAK).

Die Mahnwache für Kunst und Kultur am Potsdamer Platz in Berlin während der Coronazeit ist innerhalb weniger Monate zu einer Institution geworden, um an die Nöte der Künstler ihrer Zunft zu erinnern, Forderungen zu stellen, aber auch ihre Kunst vorzutragen. Das tat ihr gut, denn es ist gerade der Klang der Sprache, der Abées Literatur ausmacht. „Der Rhythmus muss stimmen", weshalb sie ihre Texte so lange schleift, bis sie das Ohr beglücken. Ihr Metier sind die kurzen Formen: Gedichte, lyrische Prosa, Dialoge, kleine Szenen, Aphorismen, prägnante Tagebucheinträge. Publiziert werden sie unter anderem auf ihrer **Homepage.**

Es miembro del Círculo de Autores de Friedrichshain (FAK).

En tan solo unos meses, la vigilia por el arte y la cultura en la Potsdamer Platz de Berlín durante la época del coronavirus se ha convertido en una institución para recordar las necesidades de los artistas de su gremio, para plantear reivindicaciones, pero también para presentar su arte. Eso fue bueno para ella, porque es precisamente el sonido del idioma lo que define la literatura de Abée. "El ritmo tiene que ser el adecuado", por eso repite sus letras hasta que deleitan el oído. Su oficio son las formas breves: poemas, prosa lírica, diálogos, pequeñas escenas, aforismos, anotaciones concisas en el diario. Se publican, entre otras cosas, en su página de inicio.

Traducción Übersetzt von:
Jürgen Polinske, Peter Knost
Jenny Velosa und Manuel Francisco Nuñez aus Bogota

Der weinende Omurg

Omurg hatte sich eine Insel aus Gras geweint und saß in der Wüste. Die Hirten riefen den Omurg, weil seine Tränen so zahlreich waren, dass sie aus Sand eine Weide machten. Keiner fragte den Omurg, warum er denn weine, und der Omurg redete nicht.

Eines Tages kam ein namenloser Fremder auf einem beflügelten Pferd und machte Rast in der Wüste. Warum weinst du denn so, fragte er Omurg. Mein Wort kann töten, erwiderte der. Aber das glaube ich nicht, sagte der Fremde.

Ich war umgeben von Blumen, begann der Omurg, ihr Blumen seid die Bräute des Windes, rief ich, doch da welkten sie. Der Himmel über mir war befiedert mit einer Vogelschar, fuhr der Omurg fort, ihr Vögel seid meine Stirn, rief ich voll Freude, da fielen sie tot vom Himmel herab.

Der Fremde hob seine Stimme an, ein kleines Lied zu singen. Im Nu wuchs ein Feld aus prächtigen Blumen. Nun sprich, bat der Fremde, und der Omurg zögerte erst. Ihr Blumen seid wieder da, rief er zaghaft, doch da welkten sie. Der Fremde hob nochmals die Stimme an. Auf einen Schlag war der Himmel bevölkert mit Vogeltieren. Nun sprich, bat der Fremde, der Omurg traute sich kaum. Ihr Vögel, bleibt da, flüsterte er fast. Im Nu waren der Sand und das Gras voll totem Gefieder. Ein drittes Mal sang der Fremde sein kleines Lied. Da wuchs aus den Federn ganz stolzes Getier, mit glänzenden Hörnern und goldenem Fell, und aus trockenen Blüten wuchs gläsernes Dornengebüsch, in dem kleine Olchfrauen tanzten. In dieser Welt darfst du sprechen, erklärte der Fremde, bestieg das Pferd und flog zu seinem fernen Gestirn.

Der Omurg aber weinte nicht mehr, und die Hirten riefen ihn nicht.

El llanto de Omurg

Omurg lloró una isla toda hecha de hierba, y luego permaneció sentado en el desierto. Los pastores gritaban su nombre, pues tantas fueron sus lágrimas que tornaron la arena en un pastizal. Nadie le preguntó a Omurg por qué lloraba, y Omurg no profirió palabra.

Un día, un forastero sin nombre que viajaba al lomo de un corcel alado decidió hacer un alto en el desierto. «¿A qué se debe tu llanto?», le preguntó a Omurg. «Mis palabras matan», le respondió. «No creo que así sea», replicó el forastero.

«Estaba rodeado de flores», comenzó a relatar Omurg. "Ustedes, las flores, son las novias del viento", grité, mas de repente todas se marchitaron. Sobre mí se extendía el cielo, todo emplumado por una bandada de pájaros. "Ustedes, los pájaros, son mi frente", grité henchido de alegría, mas del cielo se desplomaron, muertos».

En ese momento, el forastero alzó la voz y entonó una cancioncilla. En un instante apareció un campo lleno de hermosas flores. «Habla ahora, le pidió el forastero». Tras vacilar un instante, Omurg habló. «Ustedes, las flores, han vuelto a nacer», masculló temeroso, mas las flores se marchitaron. El forastero volvió a cantar. De súbito, el cielo se pobló de incontables aves. «Habla ahora», le pidió el forastero, aunque Omurg apenas se atrevió. «Ustedes, los pájaros, sigan allí», dijo con un hilo de voz. Al instante, la arena y la hierba quedaron entapetadas con muertos plumajes.

El forastero entonó su cancioncita por tercera vez. Entonces, de las plumas surgieron criaturas altivas, que exhibían brillantes cornamentas y dorados pelajes, y de las flores marchitas nació un espino vítreo sobre el que danzaban pequeñas ninfas.

«En este mundo te será permitido hablar», le dijo el forastero, y acto seguido montó en su corcel y remontó el vuelo hacia su astro lejano.

Es begann mit dem Tag, an dem sie beschloss, sich
unwiderstehlich zu finden. Schon wenige Tage später folgten ihr
Menschen und fanden
sie ebenfalls unwiderstehlich.

Anita ist unwiderstehlich, sagten sie, landein, landaus. 3 Monde
danach, nach Anitas Entscheidung, traf sie den Mann, den sie
liebte, woraus eine Liebe wuchs, die Liebe genannt wird selbst
zwischen den Steinen. Wenig darauf gebar sie ein Kind. Gebar in
den weiteren Jahren elf weitere Kinder. Ihr Tag war bekränzt mit
Blumensträußen, dem Duft gepresster Limonen.

Die Kinder waren Girlanden am Haar. Anita gab Milch und Säfte
und Atem. Sie gab ihr Fleisch. Es gab ein Gestöber, das ihr zu Hilfe
kam, und es gab auch zwei und drei und immer weitere Gestöber,
um immer da zu sein und immer zu helfen. Sie hängte über
Fenster und Türen zwölf Zweige, die ihre Farbe wechselten von
Tag zu Tag, von Wind zu Wind. Es kamen Tage und Winde, bis es
keine Tage und Winde mehr gab für Anita, keine Küsse und keine
Kinder am Haar.

Da beschloss Anita ihr Herz und ihre Stube aufzuschließen für alle
Welt. Es kam ein Teil der Welt zu ihr hinein und sah, wie sie sich
wandelte die Welt, die Anita, von Tag zu Tag, von Wind zu Wind.
Und hörten ihr zu, der Welt, der Anita. Hörten dem Wind zu, den
Farben, den Fugen der Stube.

Anita, sagen die Menschen heute, Anita. Sie ist gebleichtes Band
jetzt und heilig. Wir legen es über die Erde und denken an sie. Wir
hängen Zweige über die Fenster und hüten uns, unsere Kinder zu
arg zu schelten.

Ein kleiner Kuchen steht für Anita bereit. Jeden Sonntag.
Ein Limonenkuchen.

Todo comenzó el día en que decidió que era irresistible. Al cabo de apenas unos días comenzó a seguirla la gente, también convencida de que era irresistible.

Anita es irresistible, se oía decir en todo el país. Pasadas tres lunas desde su decisión, Anita conoció al hombre que amaría, y entre ellos nació un amor que hasta las piedras llamaron amor. Poco después, Anita dio a luz a un niño, y en los años que siguieron, a once más. Ramos de flores y un aroma a limones exprimidos coronaron su día.

Los niños llevaban guirnaldas en el pelo. Anita dio leche, dio jugos y aliento. Dio su carne. Una multitud acudió en su ayuda, y luego hubo dos y tres y más, todas para estar siempre allí y ayudar en todo momento. Sobre puertas y ventanas, Anita colgó doce ramas, que cambiaban de color entre un día y otro, entre un viento y otro. Días y vientos siguieron llegando, hasta que a Anita se le acabaron los días y los vientos. Y ya no hubo más besos, ni más niños en su pelo.

Entonces, Anita decidió abrirle al mundo entero la puerta que daba a su corazón y a su habitación. Algunos entraron y presenciaron cómo cambiaba el mundo, cómo cambiaba Anita, entre un día y otro, entre un viento y otro. Y escucharon con atención el mundo, y a Anita. Escucharon el viento, los colores, las junturas de la habitación.

Anita, repiten hoy las gentes, Anita. Hoy, ella es una cinta, toda blanca y santa. La posamos sobre la tierra y pensamos en ella. Colgamos ramas sobre nuestras ventanas y procuramos no reprender de más a nuestros hijos.

Todos los domingos hay un pastelillo esperando a Anita. Un pastelillo de limón.

15   Der Gorilla

Ein Gorilla ging durch die Straßen, ich bin das Leben ruft er, bin das Leben und wild. Sein Fell streifte die Fenster, Balkone. Von Fenstern, Balkonen sprangen die Menschen ins Fell. Sie haschten das Leben und hielten sich fest. Er ging mit so barschem Schritt durch die Stadt, schüttelte sich Menschen vom Leib. Und da saßen sie wieder, ohne Leben auf ihren Balkonen und sprangen erneut, wenn er kam. Denn keiner wollte ohne ihn sein, ohne seine Wildheit.

Ein Springen und Abgeschüttelt werden war das, ein Klammern am Fell, das nach Musik roch. Gorilla-Musik. Das nach Feuer roch, nach Blech und faulenden Birnen. Ein Taumeln war das, Geschleudert werden, knapp über die Dächer hinweg, brüllte der Gorilla. Ich bin das Leben, bin das Leben und wild, brüllte er. Der Gorilla stieß an die Wolken über der Stadt, bis sie weinten, stieß sie mit seinem Kopf, seiner Faust, hob den Fuß, trat hinein. Er war Gorilla und war das Leben.

Es gab einen Tag, wo keiner mehr sprang, wo es still blieb. Das Fell streifte Fenster wie eine Bürste und streifte vorbei. Der Gorilla ging weiter bis zu einer Kuppe und einer Kuhle, bis hinter den Horizont, setzte sich hin und träumte. Dann schlief er ein.

Seit diesem Tag träumen die Menschen, weil der Gorilla schläft. Sie träumen vom Leben, das einst wild und laut war, nach Blech und Feuer roch. Von Balkonen aus gucken sie zum Horizont, ob es da eine kleine Rundung gibt vom Kopf des Gorillas, eine Haarspitze nur, die hervorlugt und zittert.

Un gorila se paseaba por las calles. «¡Soy la vida!», pregonaba, «Soy la vida, y salvaje». Con su pelaje rozaba ventanas y balcones, y la gente, asomada a sus ventanas y balcones, saltaba a su pelaje. Allí, agarrados con fuerza, se aferraban a la vida. Con paso violento caminaba por la ciudad, sacudiéndose la gente del cuerpo, así que todos volvían a sentarse en sus balcones, sin vida, a la espera de que volviera a pasar para volver a saltar. Porque ya nadie quería estar sin él, sin su salvajismo.

Todo era dar un salto y un ser sacudido, aferrarse al pelaje, que olía a música, música de gorila, a fuego, a hojalata, a peras podridas. Una caída, salir volando por los aires, rozando los tejados, el rugido del gorila. «¡Soy la vida, yo soy vida, y soy salvaje!», bramaba. Y de tanto empujarlas, el gorila hizo llorar a las nubes que cubrían la ciudad, las empujó con su cabeza, con su puño, y levantando su pie, entró en ellas. Era gorila, era la vida.

Un día, la gente dejó de saltar, y todo quedó en silencio. El pelaje, que pasaba rozando las ventanas como un cepillo, seguía de largo. El gorila siguió caminando, subió a una cima y bajó a una hondonada, hasta llegar más allá del horizonte. Allí se sentó y comenzó a soñar. Luego se quedó dormido.

Desde entonces, la gente sueña porque el gorila sigue durmiendo. Sueñan con una vida otrora salvaje y ruidosa, con olor a hojalata y fuego. Desde sus balcones, escrutan el horizonte buscando adivinar la delicada curvatura de la cabeza del gorila, o aunque sea un mechón de pelo que se asome, temblando.

Rainer Wieczorek   treffen sich Zwei

Herbert Laschet Toussaint (HEL)

wurde 1957 im ostbelgischen Eupen geboren. Nach Umzügen nach Aachen und Düsseldorf lebt er seit 1990 in Berlin. Von da an ist er als Mitglied im Friedrichshainer Autorenkreis (FAK) auf vielen Lesebühnen, vorrangig im Prenzlauer Berg, der ihm zweite Heimat wurde, unterwegs. Seine Gedichte sind in unzähligen Literaturzeitschriften und Anthologien erschienen. Als unermüdlicher Briefschreiber pflegt er Kontakte zu sehr vielen Autoren, anderen Künstlern und Herausgebern von Literaturmagazinen.

Nació en 1957 en Eupen, al este de Bélgica. Tras mudarse a Aquisgrán y Düsseldorf, desde 1990 vive en Berlín. A partir de entonces fue miembro del Círculo de Autores de Friedrichshain (FAK) en muchas etapas de lectura, principalmente en Prenzlauer Berg, que se convirtió en su segundo hogar. Sus poemas han aparecido en innumerables revistas literarias y antologías. Como escritor de cartas incansable, mantiene contacto con numerosos autores, otros artistas y editores de revistas literarias.

Traducción Übersetzt von:
Jürgen Polinske

Für Omar Ben Noui

Auf Brandenburgs feldern
stehn glatte platten
darin gepreßt sind
die arbeit hatten

Ja aber was denn
ein neger im norden
der wär uns beinah
hier heimisch geworden

Omar verblutet im treppenhaus
eines Gubener plattenbaus

In abwaschbaren
begrünten kuben
da wohnen lange
die leute von Guben

Was hat hier so ein
neger verloren
der wär uns beinah
hier eingeboren

Omar verblutet im treppenhaus
eines Gubener plattenbaus

die treppe verschmieren
jetzt rostrote spuren
so fremd auf der treppe
wie lautlose suren

Para Omar Ben Noui

En los campos de Brandenburgo
hay casas estrechas
hacinados en ellas
quien tenía trabajo

¿Pero qué?
Un negro en el norte.
Casi se hubiera sentido
nativo aquí.

Omar se desangranda en la escalera
de una casa prefabricada en Guben

en casetas ajardinados
y lavables
vivían mucho tiempo
la gente en Guben.

¿Que apertido aqui
tal de negro?
Casi se huvera sentido
nativo

Omar muere desangrado en la escalera
una casa prefabricada en Guben

las escaleras estan manchadas
huellas ahora con de rojo oxidado
tan extraño en las escalones
como suras silenciosas

DER BLINGOMOBILCHACHACHA

Hier im Kongo gibt´ nichts   cha cha cha
nur kabilische tricks   cha cha cha

In China gibt´s bergevoll plimplim
für uns mädels vom stamme Nimmnimm

da fliegen wir ein   cha cha cha
und kaufen groß ein   Cha cha cha

mit gewinnspanne eins zu zehn   ja!
und das kommt hier an per container

und sie kaufen den kram   cha cha cha
schleppen´s ab krumm und lahm   cha cha cha

Na kauft leute! Dies hier und das da
Und nicht nur im fetten Kinshasa

Bald klappt das nicht mehr   cha cha cha
Ganz China ist leer   cha cha cha

und der Kongo ist voll bis zum platzen
Ja wir sind die schlitzaugenkatzen

Ein letztes mal   cha cha cha
ins Perlflußtal   cha cha cha

unsere männer die lassen wir schießen
Kommt mädels! Chinesen begießen

EL CHACHACHA MÓVIL BLINGO

Aquí en el Congo no hay nada   Cha-cha-cha
Sólo los trucos cabilas   Cha Cha Cha

En China hay montañas llenas de cacivaches.
para nosotras las chicas de la tribu Toma-Toma

Ahí es donde volamos   Cha-Cha-Cha
para hacer compras grandes   Cha-Cha-Cha

con ganancia del uno al diez sí ¡
y eso llega aquí en un contenedor

y compran la basura   Cha Cha Cha
hasta estar cojos y torcidos   Cha-Cha-cha

Bueno, ¡compra gente! esto aquí y aquello álla
y no sólo en la gorda Kinshasa

Pronto ya no funcionará,   Cha-cha-cha
toda la China está vacía   Cha-Cha-Cha

y el Congo está para reventar
Sí, somos los gatos de ojos rasgados.

una última vez   Cha-cha-cha
hacia Valle del río Perla   Cha Cha Cha

Dejamos que nuestros hombres disparen
¡Vamos chicas! a regar a los chinos

Reijoh B.

Reinhard Johannes wurde 1954 in Greiz/Thüringen geboren. Er ist ein langjähriges Mitglied des Friedrichshainer Autorenkreises (FAK).

Seit seinem 16. Lebensjahr schreibt er. Angefangen als Krankenpfleger, studierte er Medizin in Halle/Wittenberg und Berlin und qualifizierte sich zum Facharzt für Neurologie und Psychiatrie, arbeitet heute noch als Gutachter. Leidenschaftlich rezitiert er seine Vorbilder Heine, Hölderlin, Rilke, Tucholsky und seine eigenen Verse. „...wirklich interessant, ...schön radikal im Zugriff und dann mit solchem sarkastischen Touch", schrieb ihm Peter Rühmkorf zu seinen Versen.

Reinhard Johannes nació en Greiz/Turingia en 1954. Es miembro desde hace mucho tiempo del Círculo de Autores de Friedrichshain (FAK). Escribe desde los 16 años. Inicialmente enfermero, estudió medicina en Halle/Wittenberg y Berlín y se licenció en neurología y psiquiatría. Actualmente trabaja como experto. Recita con pasión sus modelos Heine, Hölderlin, Rilke, Tucholsky y sus propios versos. "... realmente interesante, ... maravillosamente radical en su enfoque y además con un toque tan sarcástico", le escribió Peter Rühmkorf sobre sus versos.

Traducción Übersetzt von:
Jürgen Polinske

Vom Aufstehen und Absteigen
Feierliche Friedrichsfelder Friedhofs Folgen VII

Steht auf, so heißt,s nun allerorten,
Uns Heinrich Heine singt´s gerissen
Mit epochalen Lebensworten:

Aus Grüften raus mit allem Wissen!

Mein Blick streift moosbedeckte Kissen,
Das schwebt mich hin zu offnen Pforten.

Von Kreuzen steigen Spartakisten,
Die treffen sich mit Nagelschmieden,
Mit auserwählten Schaffens-Christen,
Die fleischlich sind, mit Lust hienieden.

Mein Blick hat Schlagendes vermieden;
Nie wieder bleiche Todeslisten!

Von Nebelfäden feucht umschlungen;
Mir hüpft das Herz ins Auf und Nieder,
Die Negation beherzt bezwungen;
Es treibt mich hin zum Immerwieder.

Mein Blick umarmt die alten Lieder,
Noch bleibt ihr Klingen unbesungen.

Sobre levantarse y bajar

Cementerio festivo de Friedrichsfeld Seguir VII

Levántate, eso dicen ahora en todas partes,
Heinrich Heine nos la canta inteligentemente
Con palabras de vida de época:

¡Sal de la tumba con todos tus conocimientos!

Mi mirada toca almohadas cubiertas de musgo,
Eso me lleva flotando hacia puertas abiertas.

Los espartaquistas se levantan de las cruces,
Se reúnen con herreros de uñas,
Con cristianos creativos elegidos,
Que son carnales, con lujuria aquí abajo.

Mi mirada ha evitado cualquier cosa llamativa;
¡No más listas de muerte pálidas!

Húmedamente entrelazados por hilos de niebla;
Mi corazón salta arriba y abajo,
La negación vencida valientemente;
Me impulsa a hacerlo una y otra vez.

Mi mirada abraza las viejas canciones,
Su sonido aún no ha sido reconocido.

Durch Ruhestätten berauscht
Feierliche Friedrichsfelder Friedhofs Folgen IX

Die Bäume sind vom Herbst geschliffen,
nur ab und zu ein braunes Blatt;
sie schwimmen fort mit Wolkenschiffen,
die Stürme sind dezembermatt.

M. Wendt, der Schmuhl und Erna Hagen,
sie ruh´n sich aus am Marmorstein,
berichten reif von ihren Lagen
in Asche, ohne Bein und Wein.

Hirtschulze als ein Promovierter
mit schwarzen Lettern zu mir spricht:
„Von Bleichröders war´n mosaisch,
jetzt liegen stumm wir dicht an dicht."

Der Meyerheim als Kunstprofessor,
er schafft nicht mehr aus sprödem Holz,
liegt nahe dem Gerichtsassessor
aus Preußen, namens Friedrich Scholz.

Im Winkel Weißkopf und die Wedding –
auf diesem Friedhof exiliert,
das reimt sich wahrlich nur auf Wedding,
daß uns die Unku* nicht erfriert!

*aus Alex Weddings „Ede und Unku"

Bei Käthe Kollwitz blüht die Heide –
ich bete laut am Ehrengrab;
am Firmament ,ne Trauerweide,
sie rollt sich ein zum Hirtenstab;

zu Rosen, die mit Gold berühren
den Wohnungslosen Hansi Hein.
Laßt mich von ihm zum Parnass führen,
betrunken kess vom Leichenwein.

Intoxicado por lugares de descanso.

Cementerio festivo de Friedrichsfeld Seguir IX

Los árboles se pulen en otoño,
sólo una hoja marrón ocasional;
se alejan nadando con barcos de nubes,
Las tormentas son diciembre aburrido.

M. Wendt, Schmuhl y Erna Hagen,
descansan sobre la piedra de mármol,
informar con madurez sobre sus situaciones
en cenizas, deshuesados y al vino.

Hirtschulze como candidato a doctorado
me habla en letras negras:
"Los Bleichröder eran mosaicos,
Ahora yacemos en silencio, muy juntos".

El Meyerheim como profesor de arte,
ya no crea con madera quebradiza,
está cerca del asesor judicial
de Prusia, llamado Friedrich Scholz.

En ángulo Weißkopf y Wedding –
exiliado en este cementerio,
que en realidad solo rima con Boda,
¡Que el Unku* no muera congelado!

- De "Ede y Unku" de Alex Wedding

Los brezales florecen en Käthe Kollwitz –
Rezo en voz alta ante la tumba del honor;
un sauce llorón en el firmamento,
se acurruca en un cayado de pastor;

a rosas que tocan con oro
el vagabundo Hansi Hein.
Que me lleve al Parnaso,
borracho y alegre con vino de cadáver.

Heimgekehrt nach Istanbul

Hadice zum Abschied
04.05.2024

Der Sichelmond in deinem Herzen
Hat dich getragen durch die Jahre.
Nun tragen deine Kinder Schmerzen
Und Tränen fließen in das Wahre.

Mit dir zum reinen heil´gen Frieden;
Der Bosporus mag für dich beten -
Von dieser Welt nun abgeschieden,
Hast du dein Paradies betreten.

Wir denken an die heit´re Wärme,
Die aus dir strömte alle Tage;
Lässt uns zurück im Alltagslärme.
Mit dir geht eine große Frage:
Bist du ein Teil der Ringparabel,
die Lessing schuf, um uns zu einen:
Die Juden, Christen, Muselmanen -
damit wir Menschen nicht mehr weinen.?

Du lasest kluge Literaten,
Den Dostojewski beispielsweise;
Von ihrer Weisheit gut beraten,
Sprichst du uns zum Abschied leise:
Vom Hoffen, dass die Seelen wandern
In Morgen- und in Abendländern.
Du blickst auf mich und all die Andern
Und weißt: Nur Frieden wird uns ändern.

Regresó a su casa en Estambul

despedida hadice
4 de mayo de 2024

La luna creciente en tu corazón
Te llevó a través de los años.
Ahora tus hijos están sufriendo
Y las lágrimas fluyen hacia la verdad.

Contigo a la pura y santa paz;
El Bósforo puede rezar por ti.
Ahora separado de este mundo,
¿Has entrado en tu paraíso?

Pensamos en la calidez alegre,
Que brotaba de ti cada día;
Nos deja atrás en el ruido de la vida cotidiana.
Una gran pregunta te acompaña:
¿Eres parte de la parábola del anillo?
que Lessing creó para unirnos:
Los judíos, cristianos, musulmanes...
para que los humanos no lloremos más.?

Lees escritores inteligentes,
Dostoievski, por ejemplo;
Bien aconsejado por su sabiduría,
Despídete de nosotros en silencio:
Sobre la esperanza de que las almas deambulen
En los países del este y del oeste.
Me miras a mí y a todos los demás
Y sepa: sólo la paz nos cambiará.

Jürgen Polinske

Ich wurde 1954 in Potsdam geboren, legte 1973 das Abitur ab.
Nach dem Dienst in der NVA, dem Abbruch meines Studiums der
Kristallographie begann mein Dienst an der Staatsgrenze der DDR.
Später schlossen sich ein juristisches Fachschulstudium und die
Ausbildung zum Bibliotheksfacharbeiter an. Von 1990 bis April
2018 war ich Obermagaziner (verantwortlicher Bibliothekar) an
der Zentralen Universitätsbibliothek der Humboldt-Universität zu
Berlin. Ich bin Mitglied des Köpenicker Lyrikseminars/Lesebühne
der Kulturen, des Friedrichshainer Autorenkreises (FAK), der GZL
und der langjährige Mitorganisator der CITA de la POESÍA und der
Herausgeber der dafür erarbeiteten Anthologien.

Nací en Potsdam en 1954 y terminé el bachillerato en 1973.
Después de servir en el NVA y abandonar mis estudios de cristalografía,
comencé a prestar servicio en la frontera estatal de la RDA.
Posteriormente estudió derecho en una escuela técnica y se formó
como bibliotecario. Desde 1990 hasta abril de 2018 fui auxiliar de
revistas (bibliotecario a cargo) en la Biblioteca de la Universidad
Central de la Universidad Humboldt de Berlín. Soy miembro del
Seminario de Poesía de Köpenick/Escenario de Lectura de las
Culturas, del Círculo de Autores de Friedrichshain (FAK), de la GZL
y coorganizador desde hace mucho tiempo de la CITA de la POESÍA
y editor de las antologías creadas para ella.

Traducción Übersetzt von:
Barbara Quevedo-Krüger und José Pablo Quevedo

Der Piton de la Fournaise

An seinem Kraterrand
so nah am Herz der Erde
von dem es heißt
es könne feuern, pochen, regelmäßig
seine Nachbarn mit neuem Land beschenken,
fruchtbar, kaum dass es abgekühlt und
Urlaubern, wie mir, die Tropennacht erhellen,
Flammenzüngeln lehren.

Sein Schweigen:
Mehr zum Glück oder
mir zum Leid?

El Pitón de la Fournaise

En el borde del cráter
tan cerca del corazón de la tierra
de lo que se dice
podría dispararse, palpitar, regularmente
regalar nuevas tierras a sus vecinos,
fértil tan pronto como se enfríe e
Ilumina la noche tropical para turistas como yo
Enseña lenguas de fuego.

Su silencio
es suerrte o
pena para mí?

Sorry²",
das Mahnmal
soll bleiben

Trennende Wasser
mit Glassplittern bewehrte Mauern
so viele in der Welt
verhindern die Fluchten nicht

blutig geht's über den Rio Grande
den Evros
oder die Oder
egal

Sorry,
Delphis Orakel war bestochen:
Schiffe die Mauer auf dem Meer
Glassplitter die Bürger Athens

Bei Salamis verhalf es Griechen zur Freiheit

Frontex
Stahl gegen Luftschlauch
Motor gegen Paddel

Haie Sardinen umkreisen
Flüchtende verbeißen

Ab welcher Drehzahl
kentert das Boot?

---

[2] Eine Installation gleichen Namens an der Oder zur Mahnung an viele Tote,
die vor Krieg und Hunger flohen und an Grenzen umkamen,
wie aktuell an der griechischen Küste

„Lo siento[3],"
El memorial
deberías permanecer

separando las aguas
paredes reforzadas con vidrios rotos
tantos en el mundo
no impiden las fugas

sangriento se va por el rio grande
los evros
o el Oder
no importa

Lo siento,
El oráculo de Delfos fue sobornado:

Los barcos son muros en el mar
soldados los cristales rotos

En Salamina ayudó a liberar a los griegos

Frontex
Manguera de acero contra aire
motor vs remo

Tiburones rodean sardinas
Muerde a los fugitivosa que velocidad
¿el barco vuelca?

---

[3] Una instalación del mismo nombre en el Oder como recuerdo de los muchos muertos, huyendo de la guerra y el hambre y muriendo en las fronteras, como sucede actualmente en la costa griega

Mohn und Rosen

Ich sehe Flanderns Mohn auf Wiesen blühn,
auf alten Schützengräben spärlich Grün
Ich höre Winde heulen, mahnen Käuze
und sehe Rosen welken, weiße Kreuze.

Am Wolgaufer Wermut, Mohn an Wegen,
wie freudig pocht manch Herz im Mai,
Um Hochzeitssträuße, Rosen abzulegen,
jetzt Paare knieen, neben Witwen, am Mamai.

Ich sehe Blutmohn blühen, wenig Rosen
und keine Gräser wachsen über Tote am Mamai.
Ich höre Flanderns Wind um Kreuze tosen,
wie Friedensrufe sterben, unter lautem Kriegsgeschrei.

Die Dnepr-Ufer brennen, Äcker flammen rot,
verderben Korn und reichlich erntet Tod,
und wieder weinen Mütter bittre Tränen
an toten Augen, offnen Bäuchen, Venen

und sehen Blutmohn blühen, keine Rosen
nicht Gräser wachsen über Tote am Mamai.
Sie hören über Babyn-Jar die Winde tosen,
und Friedensrufe sterben, unter lautem Kriegsgeschrei.

Nie wieder sollten Stiefel über Plätze dröhnen
in Bunkern Kinder frieren, ängstlich stöhnen -
die Kugeln, Bomben das Aas servieren Geiern,
die Waffenbauer sich die Hände reiben, feiern

Ich aber sehe Blutmohn blühen, wenig Rosen
noch keine Gräser wachsen über Tote am Mamai.
Ich höre Flanderns Wind um Kreuze tosen
das Klagen, Weinen ziehn an Babyn-Jar vorbei
und Friedensrufe sterben, unterm Kriegsgeschrei.

Amapolas y rosas

Veo amapolas de Flandes florecer en los prados,
escasa vegetación en viejas trincheras
Oigo vientos aullar, búhos advirtiendo
y ver rosas marchitas, cruces blancas.

Ajenjo a orillas del Volga, amapolas en los senderos,
con qué alegría laten muchos corazones en mayo,
Para colocar ramos de novia, rosas,
Ahora las parejas se arrodillan, junto a las viudas, en Mamai.

Veo amapolas de sangre floreciendo, algunas rosas
y no crece hierba sobre los muertos en Mamai.
Oigo el viento de Flandes rugir alrededor de las cruces,
como los gritos de paz mueren entre fuertes gritos de guerra.

Las orillas del Dnieper arden, los campos arden de rojo,
el grano se echa a perder y la muerte cosecha en abundancia,
y de nuevo las madres lloran lágrimas amargas
de ojos muertos, vientres abiertos, venas

y ver florecer amapolas de sangre, no rosas
En Mamai la hierba no crece sobre los muertos.
Oyen los vientos rugir sobre Babyn-Jar,
y los llamados a la paz mueren entre fuertes gritos de guerra.

Las botas nunca deberían volver a rugir sobre los cuadrados.
Los niños se congelan en los búnkeres, gimen de miedo.
las balas, las bombas, la carroña sirven a los buitres,
Los fabricantes de armas se frotan las manos, celebran.

Pero veo amapolas floreciendo y pocas rosas
Aún no crece hierba sobre los muertos en Mamai.
Oigo el viento de Flandes rugir alrededor de las cruces
el llanto y el llanto pasan por Babyn-Jar
y los llamados a la paz mueren entre los gritos de guerra.

Ach, Frau Nachbarin,

wie sie mir gefällt…
So jung, so schwarz die Locken,
das Grübchen am Kinn,
Sterne in den Augen
das Rot ihrer Lippen;
Mein Blut sie saugen.
Beine ausgestellt,
zart und stämmig,
Stützen meiner Welt.

Ein Gläschen trinken
auf ihrem Balkon,
sehn, die Sterne blinken,
wie tät es mir gut.
Ihr das zu sagen
fehlt mir der Mut.

Schau ständig, was sie tut …
Der neue Kerl aber -
bringt mich in Wut,
ich könnt ihn würgen,
sie ruft ihn
mit meinem Namen,
Jürgen

Es bleibt mir nur abzustinken,
weiter ihr Lächeln zu ernten
auf mein freundliches Winken.

Ay señora vecina,

Quánto me gusta...
Tan jóven, tan negros los rizos,
el hoyuelo en la barbilla,
Estrellas en los ojos
el rojo de sus labios;
Me chupan la sangre.
piernas ensanchadas,
tierno y resistente,
Apoyando mi mundo.

bebe un vaso
en su balcón,
ver las estrellas brillar,
que bueno es para mi.
para decirle eso
Me falta coraje.

Sigue viendo lo que hace...
Aunque el chico nuevo...
me hace enojar,
podría estrangularlo
ella lo llama
con mi nombre,
Jürgen

Todo lo que puedo hacer es ahogarme,
seguir ganándose sus sonrisas
a mi hola amable.

Stoiker

Popocateptl, unser
Wir verzeihen Dir
jeden Schluckauf
dass Du uns in die Fluren kotzt.
Du lebst.
Mit Husten und Schnupfen
ist man nicht ernsthaft krank.
Warum also sollen wir Dich fliehen
geschenkter Fruchtbarkeit entsagen?
Grolle!   Spucke! -
schlechte Tage
kennen wir alle.

Estoico

Popocatéptl, nuestro
Te perdonamos
cada hipo
que nos echas al campo
Tu vives
con tos y secreción nasal
no estas gravemente enfermo
Entonces, ¿por qué deberíamos huir de ti?
renunciar a la fertilidad dada
Escupir!   resentimiento!
días malos
todos sabemos

Jürgen Polinske   Der Berggeist

Hartmut Sörgel   Federwesen

Inhaltsverzeichnis